Molière's Le Tartuffe

MOLIÈRE
(JEAN-BAPTISTE POQUELIN)

Heath's Modern Language Series

MOLIÈRE'S

LE TARTUFFE

EDITED WITH INTRODUCTION AND NOTES

BY

CHARLES H. CONRAD WRIGHT

Professor of the French Language and Literature in
Harvard University

D. C. HEATH AND COMPANY
BOSTON   NEW YORK   CHICAGO   LONDON
ATLANTA   DALLAS   SAN FRANCISCO

COPYRIGHT, 1905,
BY D. C. HEATH & CO.

3 ; 3

Printed in U. S. A.

INTRODUCTION

I. Chronology of Molière's Life

1622. Birth of Jean-Baptiste Poquelin at Paris, the son of a *valet-tapissier du roi*.

1643. In spite of a good education his inclinations lead him to the stage. He takes the name of Molière and founds a theatrical company, the *Illustre théâtre*, which meets with absolute failure.

1646–7. Molière and his company begin a long series of travels in the French provinces, extending over many years, and taking them through all the chief cities of the South.

1653 or 1655. At Lyons Molière plays *l'Etourdi*.

1656. *Le Dépit amoureux* given at Béziers.

1658. Return to Paris.

1659. First Parisian success, *les Précieuses ridicules*, an attack on Preciosity.

1660. *Sganarelle*.

1661. *Don Garcie de Navarre* (a failure). *L'Ecole des maris. Les Fâcheux.*

1662. Molière's unlucky marriage with Armande Béjart. *L'Ecole des femmes;* hostile criticism.

1663. *La Critique de l'Ecole des femmes*, a reply to this criticism. *L'Impromptu de Versailles.*

1664. *Le Mariage forcé. La Princesse d'Elide.* First three acts of *Tartuffe*. The play is forbidden.

1665. *Don Juan*, the portrait of the atheist. *L'Amour médecin.*

1666. *Le Misanthrope. Le Médecin malgré lui. Mélicerte. La Pastorale comique. Le Sicilien.*

1667. *Tartuffe* reappears, somewhat transformed, as *l'Imposteur*. It is again forbidden.

1668. *Amphitryon. Georges Dandin. L'Avare.*

1669. *Tartuffe* finally allowed in its present form. *Monsieur de Pourceaugnac.*

1670. *Les Amants magnifiques. Le Bourgeois gentilhomme.*

1671. *Psyché*, in collaboration with Corneille and Quinault. *Les Fourberies de Scapin. La Comtesse d'Escarbagnas.*

1672. *Les Femmes savantes.*

1673. *Le Malade imaginaire.* Molière, long an invalid, is taken with a hemorrhage while acting in the play and dies a few hours later.

II. History of the Play

The first three acts of *Tartuffe* were given at certain festivities of the French Court, on May 12, 1664. The play, even in its incomplete form, aroused the bitterest hostility and intense opposition on the part of the clerical party, who thought they saw, in the satire of religious hypocrisy, an attack upon religion in general. They succeeded, indeed, in getting the play forbidden. Molière, however, finished his comedy, and for some time was in the habit of reading it aloud at small gatherings of people who sympathized with him. Among these was a no less important person than Cardinal Chigi, the papal legate, who was able to distinguish between true piety and hypocrisy. The king, though state reasons obliged him to humor the opposition and to refuse a petition from Molière (the so-called *premier placet*), nevertheless continued to hold him in high esteem, and let his company take the title of *troupe du roi*. Rehearsals of the play were, meanwhile, given before persons like the duc d'Orléans and the princesse Palatine.

Emboldened by this state of affairs, on August 5, 1667, Molière brought out a modified version of the play under the title *l'Imposteur*. Tartuffe had now become Panulphe, and was considerably transformed to spare the susceptibilities of his critics. These were, however, not mollified. The judge, the président de Lamoignon, forbade the new play. Molière at once sent two of his actors, la Thorillière and la Grange, to bear another request (the *second placet*) to the king, who was at the time in Flanders with the army. The latter did not deem it advisable to take any steps, and the archbishop of Paris, Hardouin de Péréfixe, proclaimed the most severe religious penalties against the play. It was not until February 5, 1669, when the storm had somewhat blown over, that, as a result of a third petition, Molière was able to bring out *Tartuffe* in the form which we now possess.

To the same period of strife belongs also *Don Juan* (1665), a play portraying not the religious hypocrite but the atheist. The two plays deserve to be studied together, and, at any rate, one should not omit to read the tirade on hypocrisy in the second scene of the fifth act of *Don Juan*.

III. Tartuffe as a Portrait

The person of Tartuffe is one of the most striking character studies in French literature, and the play disputes with *le Misanthrope* and *Don Juan* the right to be called Molière's masterpiece. So vivid a portrait suggests that there must have been a direct model. This has been sought in a Gabriel de Roquette, bishop of Autun; in a certain Charpy who wormed his way into the affections of a family with deceitful intent; in Lamoignon the judge, and Hardouin de Péréfixe, who forbade the earlier play, and of whom are told anecdotes somewhat like incidents in the final *Tartuffe;* in Richelieu, Mazarin, Father Joseph, and in Conti, the early friend of Molière, who turned against him on becoming converted.

But stray anecdotes, incidents and *rapprochements* mean little. The great question remains: Did Molière intend to attack true religion or only pretenders to religion? It was the confusion of these two separate matters which caused the fight over *Tartuffe* and its suppression. Certainly Molière meant only to portray the *pretender* to piety, in spite of critics even today who maintain the contrary; but this portrait is often indistinguishable from that of the sincere bigot. There were bigots among the Jansenists as well as among the Jesuits; yet the numerous passages on casuistry and mental reservations seem to imply that Molière was attacking Jesuit doctrines, rather than those of Arnauld and his sect, notwithstanding the austerity with which the Jansenists frowned on mere amusements. There may be some truth, if the parallel be not pushed too far, in the recent theory of M. Raoul Allier[1] that Molière was attacking the "Compagnie du Saint-Sacrement," popularly known as the "Cabale des Dévots," a secret society (1627-1666) for the protection of the true Church and the persecution of its foes. After all, there is nothing to prevent us from saying that there were hypocrites among the Jesuits, the Jansenists and the members of the Cabale as well, and that Molière meant to attack these hypocrites wherever he found them.

IV. THE HYPOCRITE IN LITERATURE

It is difficult to say to what degree Molière was indebted to previous plays or authors.[2] There are similarities with Machiavelli's *Mandragola* (early sixteenth century), in which a certain Frate Timoteo tricks a husband and his wife; with Aretino's *Lo Ipocrito* (1542), in which a parasite under the mask of piety makes his way into a family. It is customary to mention also two minor Italian plays, *Il Dottor Bacchetone* and *Il Basilico del Bernagasso*.

[1] Cf. R. Allier, *la Cabale des Dévots*, Chap. XIX; the arguments are largely based on the use of the word *cabale* in the play. — In 1897, venturing into the realm of fancy, Simon Boubée wrote a very dull novel of adventure, *la Jeunesse de Tartuffe*, in which the hero is an Italian ruffian Onofrio, destined later to become the friend of Orgon.

[2] Cf. Caspari, *Die Originalität Molières im Tartuffe und im Avare*, Diss. Göttingen.

Among French writings there are much more certain likenesses with Regnier's satire *Macette*,[1] the female Tartuffe, the first satire of the inferior writer Dulorens, the *Hypocrites* of Scarron, and *Polyandre* by Charles Sorel.

The character of Tartuffe is, however, a general type, which authors have been fond of treating. In the Middle Ages in France we find more than one example. Not to lay stress on Rutebeuf's Hypocrisie in *le Pharisien*, the hypocritical character has a famous embodiment in the allegorical *Faux Semblant* of the *Roman de la Rose*. A different aspect of the same character is found in the trickiness or *renardie* of the *Roman de Renart*. This trickiness or foxiness, as time goes on, is sometimes linked with a religious aspect under the name of *papelardie*, a word frequently used by Rabelais. Molière's Tartuffe is but a seventeenth century counterpart of these earlier characters, and in reading the play we are reminded of the saying of La Rochefoucauld: "La plupart des amis dégoûtent de l'amitié et la plupart des dévots dégoûtent de la dévotion." In more recent times we have examples of the type in Beaumarchais' Don Basile, and in the Jesuit Rodin of Eugène Sue's *le Juif errant*. It may, perhaps, not be out of place to mention also the clever comedy by Mme de Girardin (Delphine Gay), called *Lady Tartuffe*.[2]

In England there are several hypocrites in literature, some of them directly inspired by Molière. In writings before his time Shakspeare's "honest Iago" occurs immediately to one's mind, and Angelo in *Measure for Measure* exclaims, "We are all frail," as Tartuffe assures Elmire that "Madame, après tout, je ne suis pas un ange." In Ben Jonson's *Volpone* one sees the foxiness of hypocrisy, and in *Bartholomew's Fair* the religious bigot appears in Zeal-of-the-Land Busy. Medbourne's

[1] Loin du monde elle fait sa demeure et son giste;
Son œil tout penitent ne pleure qu'eau beniste.

[2] For a list of works inspired by Molière in France, see Mangold's book on *Tartuffe*, p. 145.

translation of *Tartuffe* is a fairly close rendering, though with such modifications as the appearance of Tartuffe's servant, Laurence, who makes love to Dorine and marries her at the end. Colley Cibber's *Non-Juror* is visibly inspired by the French play and introduces some of its important scenes in the doings of Dr. Wolf. The Maskwell of Congreve's *Double Dealer* reminds us of Tartuffe, and so does Dr. Cantwell of Bickerstaff's *Hypocrite*, which kept the stage in America until well into the nineteenth century. A hypocrite still well known to theatre goers is Joseph Surface, and the reader of Dickens sees different phases of Tartuffe's character in the "umbleness" of Uriah Heep, the moral reflections of Mr. Pecksniff, the cant of Mr. Chadband, with his "fat smile, and a general appearance of having a good deal of train oil in his system," and the consuming powers of the deputy-shepherd, the reverend Mr. Stiggins, of the *Pickwick Papers*.

V. Bibliography

General criticisms of Molière will be found in any history of French literature.— Editions of his works are also numerous: the standard today is by Despois and Mesnard in the *Collection des Grands Ecrivains*. The tenth volume contains the biography, the eleventh the bibliography. See also Livet's *Lexique de la langue de Molière;* Lacroix' *Bibliographie Moliéresque*, and the bibliography of the Molière collection in the Harvard Library by T. F. Currier and E. L. Gay.—Important separate editions of *le Tartuffe* are by Livet, and by the actors Régnier (*Le Tartuffe des Comédiens*), and Silvain (*Edition de la Comédie Française*). There are school editions by Boully, by Pellisson, by Lavigne, in France; in Germany, see those of Lion, of Friese.— An important study of all topics connected with the play is Mangold's *Molière's Tartuffe, Geschichte und Kritik*. — For literary criticisms and studies, see: Brunetière, *les Epoques du théâtre français*; Coquelin, *Tartuffe*; Lemaître,

Impressions de théâtre, Vol. IV, and *les Contemporains*, Vol. VII; Sainte-Beuve, *Port Royal*, Book III, Chaps. 16 and 17; Sarcey, *Quarante ans de théâtre*, Vol. II; Veuillot, *Molière et Bourdaloue*.

The editor of the present edition has not hesitated to make use of all the material at his command, and has drawn freely from the works mentioned above, as well as from older editions like Auger and Taschereau. Livet's notes have, in particular, proved most useful. Philological information has been kept in the background as being superfluous to the schoolboy or the undergraduate, but many differences between seventeenth century and modern French have been pointed out, and modern equivalents have been given, even though the meaning may be obvious. For this same purpose frequent reference has been made to Haase's *Syntaxe française du XVIIe siècle*. The text is that of the edition by Despois and Mesnard.

PRÉFACE
(1669)

Voici une comédie dont on a fait beaucoup de bruit, qui a été longtemps persécutée ; et les gens qu'elle joue ont bien fait voir qu'ils étoient plus puissants en France que tous ceux que j'ai joués jusqu'ici. Les Marquis, les Précieuses et les Médecins ont souffert doucement qu'on les ait représentés, et ils ont fait semblant de se divertir, avec tout le monde, des peintures que l'on a faites d'eux ; mais les Hypocrites n'ont point entendu raillerie ; ils se sont effarouchés d'abord, et ont trouvé étrange que j'eusse la hardiesse de jouer leurs grimaces, et de vouloir décrier un métier dont tant d'honnêtes gens se mêlent. C'est un crime qu'ils ne sauroient me pardonner ; et ils se sont tous armés contre ma comédie avec une fureur épouvantable. Ils n'ont eu garde de l'attaquer par le côté qui les a blessés ; ils sont trop politiques pour cela, et savent trop bien vivre pour découvrir le fond de leur âme. Suivant leur louable coutume, ils ont couvert leurs intérêts de la cause de Dieu ; et *le Tartuffe*, dans leur bouche, est une pièce qui offense la piété. Elle est, d'un bout à l'autre, pleine d'abominations, et l'on n'y trouve rien qui ne mérite le feu. Toutes les syllabes en sont impies ; les gestes mêmes y sont criminels ; et le moindre coup d'œil, le moindre branlement de tête, le moindre pas à droite ou à gauche, y cache des mystères qu'ils trouvent moyen d'expliquer à mon désavantage. J'ai eu beau la soumettre aux lumières de mes amis, et à la censure de tout le monde : les corrections que j'y ai pu faire, le jugement du Roi et de la Reine, qui l'ont vue, l'approbation des grands princes et de Messieurs les ministres, qui l'ont honorée publiquement de leur présence, le témoignage des gens de bien, qui l'ont trouvée profitable, tout cela n'a de rien servi. Ils n'en veulent point démordre ; et tous les jours encore, ils font crier en public des zélés indiscrets, qui me disent des injures pieusement et me damnent par charité.

Je me soucierois fort peu de tout ce qu'ils peuvent dire, n'étoit l'artifice qu'ils ont de me faire des ennemis que je respecte, et de jeter dans leur parti de véritables gens de bien, dont ils préviennent la bonne foi, et qui, par la chaleur qu'ils ont pour les intérêts du Ciel, sont faciles à recevoir les impressions qu'on veut leur donner. Voilà ce qui m'oblige à me défendre. C'est aux vrais dévots que je veux partout me justifier sur la conduite de ma comédie ; et je les conjure de tout mon cœur de ne point condamner les choses avant que de les voir, de se défaire de toute prévention, et de ne point servir la passion de ceux dont les grimaces les déshonorent.

Si l'on prend la peine d'examiner de bonne foi ma comédie, on verra sans doute que mes intentions y sont partout innocentes, et qu'elle ne tend nullement à jouer les choses que l'on doit révérer, que je l'ai traitée avec toutes les précautions que me demandait la délicatesse de la matière, et que j'ai mis tout l'art et tous les soins qu'il m'a été possible pour bien distinguer le personnage de l'Hypocrite d'avec celui du vrai Dévot. J'ai employé pour cela deux actes entiers à préparer la venue de mon scélérat. Il ne tient pas un seul moment l'auditeur en balance; on le connoît d'abord aux marques que je lui donne; et d'un bout à l'autre il ne dit pas un mot, il ne fait pas une action qui ne peigne aux spectateurs le caractère d'un méchant homme, et ne fasse éclater celui du véritable homme de bien que je lui oppose.

Je sais bien que pour réponse ces Messieurs tâchent d'insinuer que ce n'est point au théâtre à parler de ces matières; mais je leur demande, avec leur permission, sur quoi ils fondent cette belle maxime. C'est une proposition qu'ils ne font que supposer, et qu'ils ne prouvent en aucune façon; et sans doute il ne seroit pas difficile de leur faire voir que la comédie, chez les anciens, a pris son origine de la religion, et faisoit partie de leurs mystères; que les Espagnols, nos voisins, ne célèbrent guère de fête où la comédie ne soit mêlée; et que, même parmi nous, elle doit sa naissance aux soins d'une confrérie à qui appartient encore aujourd'hui l'Hôtel de Bourgogne, que c'est un lieu qui fut donné pour y représenter les plus importants mystères de notre foi; qu'on en voit encore des comédies imprimées en lettres gothiques, sous le nom d'un docteur de Sorbonne; et, sans aller chercher si loin, que l'on a joué de notre temps des pièces saintes de M. de Corneille, qui ont été l'admiration de toute la France.

Si l'emploi de la comédie est de corriger les vices des hommes, je ne vois pas par quelle raison il y en aura de privilégiés. Celui-ci est, dans l'État, d'une conséquence bien plus dangereuse que tous les autres; et nous avons vu que le théâtre a une grande vertu pour la correction. Les plus beaux traits d'une sérieuse morale sont moins puissants le plus souvent que ceux de la satire; et rien ne reprend mieux la plupart des hommes que la peinture de leurs défauts. C'est une grande atteinte aux vices que de les exposer à la risée de tout le monde. On souffre aisément des répréhensions, mais on ne souffre point la raillerie. On veut bien être méchant, mais on ne veut point être ridicule.

On me reproche d'avoir mis des termes de piété dans la bouche de mon imposteur. Et pouvois-je m'en empêcher, pour bien représenter le caractère d'un hypocrite? Il suffit, ce me semble, que je fasse connoître les motifs criminels qui lui font dire les choses, et que j'en aie retranché les termes consacrés, dont on aurait eu peine à lui entendre faire un mauvais usage. Mais il débite au quatrième acte une morale pernicieuse. Mais cette morale est-elle quelque chose dont tout le monde n'eût les oreilles rebattues? dit-elle rien de nouveau dans ma comédie? et peut-on craindre que des choses si généralement détestées fassent quelque impression dans les esprits, que je les rende dangereuses en les faisant monter sur le théâtre, qu'elles reçoivent quelque autorité de la bouche d'un scélérat? Il n'y a nulle apparence à cela; et l'on doit approuver la comédie du *Tartuffe*, ou condamner généralement toutes les comédies.

C'est à quoi l'on s'attache furieusement depuis un temps, et jamais on ne s'étoit si fort déchaîné contre le théâtre. Je ne puis pas nier qu'il n'y ait eu des Pères de l'Église qui ont condamné la comédie; mais on ne peut pas me nier aussi qu'il n'y en ait eu quelques-uns qui l'ont traitée un peu plus doucement. Ainsi l'autorité dont on prétend appuyer la censure est détruite par ce partage; et toute la conséquence qu'on peut tirer de cette diversité d'opinions en des esprits éclairés des mêmes lumières, c'est qu'ils ont pris la comédie différemment, et que les uns l'ont considérée dans sa pureté, lorsque les autres l'ont regardée dans sa corruption et confondue avec tous ces vilains spectacles qu'on a eu raison de nommer des spectacles de turpitude.

 Et en effet, puisqu'on doit discourir des choses et non pas des mots, et que la plupart des contrariétés viennent de ne se pas entendre et d'envelopper dans un même mot des choses opposées, il ne faut qu'ôter le voile de l'équivoque et regarder ce qu'est la comédie en soi, pour voir si elle est condamnable. On connoîtra sans doute que, n'étant autre chose qu'un poëme ingénieux qui, par des leçons agréables, reprend les défauts des hommes, on ne sauroit la censurer sans injustice. Et si nous voulons ouïr là-dessus le témoignage de l'antiquité, elle nous dira que ses plus célèbres philosophes ont donné des louanges à la comédie, eux qui faisoient profession d'une sagesse si austère, et qui crioient sans cesse après les vices de leur siècle; elle nous fera voir qu'Aristote a consacré des veilles au théâtre, et s'est donné le soin de réduire en préceptes l'art de faire des comédies; elle nous apprendra que de ses plus grands hommes, et des premiers en dignité, ont fait gloire d'en composer eux-mêmes, qu'il y en a eu d'autres qui n'ont pas dédaigné de réciter en public celles qu'ils avoient composées, que la Grèce a fait pour cet art éclater son estime par les prix glorieux et par les superbes théâtres dont elle a voulu l'honorer, et que, dans Rome enfin, ce même art a reçu aussi des honneurs extraordinaires: je ne dis pas dans Rome débauchée et sous la licence des empereurs, mais dans Rome disciplinée, sous la sagesse des consuls, et dans le temps de la vigueur de la vertu romaine.

J'avoue qu'il y a eu des temps où la comédie s'est corrompue. Et qu'est-ce que dans le monde on ne corrompt point tous les jours ? Il n'y a chose si innocente où les hommes ne puissent porter du crime, point d'art si salutaire dont ils ne soient capables de renverser les intentions, rien de si bon en soi qu'ils ne puissent tourner à de mauvais usages. La médecine est un art profitable, et chacun la révère comme une des plus excellentes choses que nous ayons ; et cependant il y a eu des temps où elle s'est rendue odieuse, et souvent on en a fait un art d'empoisonner les hommes. La philosophie est un présent du Ciel ; elle nous a été donnée pour porter nos esprits à la connoissance d'un Dieu par la contemplation des merveilles de la nature ; et pourtant on n'ignore pas que souvent on l'a détournée de son emploi, et qu'on l'a occupée publiquement à soutenir l'impiété. Les choses même les plus saintes ne sont point à couvert de la corruption des hommes ; et nous voyons des scélérats qui, tous les jours, abusent de la piété, et la font servir méchamment aux crimes les plus grands. Mais on ne laisse pas pour cela de faire les distinctions qu'il est besoin de faire ; on n'enveloppe point, dans une fausse conséquence, la bonté des choses que l'on corrompt avec la malice des corrupteurs ; on sépare toujours le mauvais usage d'avec l'intention de l'art ; et comme on ne s'avise point de défendre la médecine, pour avoir été bannie de Rome, ni la philosophie, pour avoir été condamnée publiquement dans Athènes, on ne doit point aussi vouloir interdire la comédie, pour avoir été censurée en de certains temps. Cette censure a eu ses raisons, qui ne subsistent point ici ; elle s'est renfermée dans ce qu'elle a pu voir ; et nous ne devons point la tirer des bornes qu'elle s'est données, l'étendre plus loin qu'il ne faut, et lui faire embrasser l'innocent avec le coupable. La comédie qu'elle a eu dessein d'attaquer n'est point du tout la comédie que nous voulons défendre. Il se faut bien garder de confondre celle-là avec celle-ci. Ce sont deux personnes de qui les mœurs sont tout à fait opposées; elles n'ont aucun rapport l'une avec l'autre que la ressemblance du nom; et ce seroit une injustice épouvantable que de vouloir condamner Olimpe qui est femme de bien, parce qu'il y a eu une Olimpe qui a été une débauchée. De semblables arrêts sans doute feroient un grand désordre dans le monde. Il n'y auroit rien par là qui ne fût condamné; et puisque l'on ne garde point cette rigueur à tant de choses dont on abuse tous les jours, on doit bien faire la même grâce à la comédie, et approuver les pièces de théâtre où l'on verra régner l'instruction et l'honnêteté.

Je sais qu'il y a des esprits dont la délicatesse ne peut souffrir aucune comédie, qui disent que les plus honnêtes sont les plus dangereuses, que les passions que l'on y dépeint sont d'autant plus touchantes qu'elles sont pleines de vertu, et que les âmes sont attendries par ces sortes de représentations. Je ne vois pas quel grand crime c'est que de s'attendrir à la vue d'une passion honnête; et c'est un haut étage de vertu que cette pleine insensibilité où ils veulent faire monter notre âme. Je doute qu'une si grande perfection soit dans les forces de la nature humaine; et je ne sais s'il n'est pas mieux de travailler à rectifier et adoucir les passions des hommes, que de vouloir les retrancher entièrement. J'avoue qu'il y a des lieux qu'il vaut mieux fréquenter que le théâtre; et si l'on veut blâmer toutes les choses qui ne regardent pas directement Dieu et notre salut, il est certain que la comédie en doit être, et je ne trouve point mauvais qu'elle soit condamnée avec le reste. Mais supposé, comme il est vrai, que les exercices de la piété souffrent des intervalles et que les hommes aient besoin de divertissement, je soutiens qu'on ne leur en peut trouver un qui soit plus innocent que la comédie. Je me suis étendu trop loin. Finissons par un mot d'un grand prince sur la comédie du *Tartuffe*.

Huit jours après qu'elle eut été défendue, on représenta devant la cour une pièce intitulée *Scaramouche ermite ;* et le Roi, en sortant, dit au grand prince que je veux dire : «Je voudrois bien savoir pourquoi les gens qui se scandalisent si fort de la comédie de Molière ne disent mot de celle de *Scaramouche.*» A quoi le Prince répondit : «La raison de cela, c'est que la comédie de *Scaramouche* joue le Ciel et la religion, dont ces Messieurs-là ne se soucient point ; mais celle de Molière les joue eux-mêmes ; c'est ce qu'ils ne peuvent souffrir.»

PLACETS AU ROI

PREMIER PLACET

PRÉSENTÉ AU ROI, SUR LA COMÉDIE DU TARTUFFE

SIRE,

Le devoir de la comédie étant de corriger les hommes en les divertissant, j'ai cru que, dans l'emploi où je me trouve, je n'avois rien de mieux à faire que d'attaquer par des peintures ridicules les vices de mon siècle ; et comme l'hypocrisie sans doute en est un des plus en usage, des plus incommodes et des plus dangereux, j'avois eu, Sire, la pensée que je ne rendrois pas un petit service à tous les honnêtes gens de votre royaume, si je faisois une comédie qui décriât les hypocrites, et mît en vue comme il faut toutes les grimaces étudiées de ces gens de bien à outrance, toutes les friponneries couvertes de ces faux-monnoyeurs en dévotion, qui veulent attraper les hommes avec un zèle contrefait et une charité sophistique.

Je l'ai faite, Sire, cette comédie, avec tout le soin, comme je crois, et toutes les circonspections que pouvoit demander la délicatesse de la matière ; et pour mieux conserver l'estime et le respect qu'on doit aux vrais dévots, j'en ai distingué le plus que j'ai pu le caractère que j'avois à toucher ; je n'ai point laissé d'équivoque, j'ai ôté ce qui pouvoit confondre le bien avec le mal, et ne me suis servi, dans cette peinture, que des couleurs expresses et des traits essentiels qui font reconnoître d'abord un véritable et franc hypocrite.

Cependant toutes mes précautions ont été inutiles. On a profité, Sire, de la délicatesse de votre âme sur les matières de religion, et l'on a su vous prendre par l'endroit seul que vous êtes prenable, je veux dire par le respect des choses saintes. Les Tartuffes, sous main, ont eu l'adresse de trouver grâce auprès de Votre Majesté, et les originaux enfin ont fait supprimer la copie, quelque innocente qu'elle fût, et quelque ressemblante qu'on la trouvât.

Bien que ce m'ait été un coup sensible que la suppression de cet ouvrage, mon malheur pourtant étoit adouci par la manière dont Votre Majesté s'étoit expliquée sur ce sujet; et j'ai cru, Sire, qu'Elle m'ôtoit tout lieu de me plaindre, ayant eu la bonté de déclarer qu'Elle ne trouvoit rien à dire dans cette comédie qu'Elle me défendoit de produire en public.

Mais malgré cette glorieuse déclaration du plus grand roi du monde et du plus éclairé, malgré l'approbation encore de Monsieur le Légat et de la plus grande partie de nos prélats, qui tous, dans des lectures particulières que je leur ai faites de mon ouvrage, se sont trouvés d'accord avec les sentiments de Votre Majesté, malgré tout cela, dis-je, on voit un livre composé par le curé de..., qui donne hautement un démenti à tous ces augustes témoignages. Votre Majesté a beau dire, et Monsieur le Légat et Messieurs les prélats ont beau donner leur jugement: ma comédie, sans l'avoir vue, est diabolique, et diabolique mon cerveau; je suis un démon vêtu de chair et habillé en homme, un libertin, un impie digne d'un supplice exemplaire. Ce n'est pas assez que le feu expie en public mon offense, j'en serois quitte à trop bon marché : le zèle charitable de ce galant homme de bien n'a garde de demeurer là : il ne veut point que j'aie de miséricorde auprès de Dieu, il veut absolument que je sois damné, c'est une affaire résolue.

Ce livre, Sire, a été présenté à Votre Majesté ; et sans doute Elle juge bien Elle-même combien il m'est fâcheux de me voir exposé tous les jours aux insultes de ces Messieurs, quel tort me feront dans le monde de telles calomnies, s'il faut qu'elles soient tolérées, et quel intérêt j'ai enfin à me purger de son imposture et à faire voir au public que ma comédie n'est rien moins que ce qu'on veut qu'elle soit. Je ne dirai point, Sire, ce que j'avois à demander pour ma réputation, et pour justifier à tout le monde l'innocence de mon ouvrage : les rois éclairés comme vous n'ont pas besoin qu'on leur marque ce qu'on souhaite ; ils voient, comme Dieu, ce qu'il nous faut, et savent mieux que nous ce qu'ils nous doivent accorder. Il me suffit de mettre mes intérêts entre les mains de Votre Majesté, et j'attends d'Elle avec respect tout ce qu'il lui plaira d'ordonner là-dessus.

SECOND PLACET

PRÉSENTÉ AU ROI, DANS SON CAMP DEVANT LA VILLE DE LILLE EN FLANDRE

SIRE,

C'est une chose bien téméraire à moi que de venir importuner un grand monarque au milieu de ses glorieuses conquêtes ; mais, dans l'état où je me vois, où trouver,

Sire, une protection qu'au lieu où je la viens chercher ? et qui puis-je solliciter, contre l'autorité de la puissance qui m'accable, que la source de la puissance et de l'autorité, que le juste dispensateur des ordres absolus, que le souverain juge et le maître de toutes choses ?

Ma comédie, Sire, n'a pu jouir ici des bontés de Votre Majesté. En vain je l'ai produite sous le titre de *l'Imposteur*, et déguisé le personnage sous l'ajustement d'un homme du monde ; j'ai eu beau lui donner un petit chapeau, de grands cheveux, un grand collet, une épée, et des dentelles sur tout l'habit, mettre en plusieurs endroits des adoucissements, et retrancher avec soin tout ce que j'ai jugé capable de fournir l'ombre d'un prétexte aux célèbres originaux du portrait que je voulois faire : tout cela n'a de rien servi. La cabale s'est réveillée aux simples conjectures qu'ils ont pu avoir de la chose. Ils ont trouvé moyen de surprendre des esprits qui, dans toute autre matière, font une profession de ne se point laisser surprendre. Ma comédie n'a pas plus tôt paru, qu'elle s'est vue foudroyée par le coup d'un pouvoir qui doit imposer du respect ; et tout ce que j'ai pu faire en cette rencontre, pour me sauver moi-même de l'éclat de cette tempête, c'est de dire que Votre Majesté avoit eu la bonté de m'en permettre la représentation, et que je n'avois pas cru qu'il fût besoin de demander cette permission à d'autres, puisqu'il n'y avoit qu'Elle seule qui me l'eût défendue.

Je ne doute point, Sire, que les gens que je peins dans ma comédie ne remuent bien des ressorts auprès de Votre Majesté, et ne jettent dans leur parti, comme ils ont déjà fait, de véritables gens de bien, qui sont d'autant plus prompts à se laisser tromper, qu'ils jugent d'autrui par eux-mêmes. Ils ont l'art de donner de belles couleurs à toutes leurs intentions ; quelque mine qu'ils fassent, ce n'est point du tout l'intérêt de Dieu qui les peut émouvoir ; ils l'ont assez montré dans les comédies qu'ils ont souffert qu'on ait jouées tant de fois en public sans en dire le moindre mot. Celles-là n'attaquoient que la piété et la religion, dont ils se soucient fort peu ; mais celle-ci les attaque et les joue eux-mêmes, et c'est ce qu'ils ne peuvent souffrir. Ils ne sauroient me pardonner de dévoiler leurs impostures aux yeux de tout le monde. Et sans doute on ne manquera pas de dire à Votre Majesté que chacun s'est scandalisé de ma comédie. Mais la vérité pure, Sire, c'est que tout Paris ne s'est scandalisé que de la défense qu'on en a faite, que les plus scrupuleux en ont trouvé la représentation profitable, et qu'on s'est étonné que des personnes d'une probité si connue aient eu une si grande déférence pour des gens qui devroient être l'horreur de tout le monde et sont si opposés à la véritable piété dont elles font profession.

J'attends avec respect l'arrêt que Votre Majesté daignera prononcer sur cette matière ; mais il est très-assuré, Sire, qu'il ne faut plus que je songe à faire de comédie si les Tartuffes ont l'avantage, qu'ils prendront droit par là de me persécuter plus que jamais, et voudront trouver à redire aux choses les plus innocentes qui pourront sortir de ma plume.

Daignent vos bontés, Sire, me donner une protection contre leur rage envenimée ; et puissé-je, au retour d'une campagne si glorieuse, délasser Votre Majesté des fatigues de ses conquêtes, lui donner d'innocents plaisirs après de si nobles travaux, et faire rire le monarque qui fait trembler toute l'Europe !

TROISIÈME PLACET

PRÉSENTÉ AU ROI

Sire,

Un fort honnête médecin, dont j'ai l'honneur d'être le malade, me promet et veut s'obliger par devant notaires de me faire vivre encore trente années, si je puis lui obtenir une grâce de Votre Majesté. Je lui ai dit, sur sa promesse, que je ne lui demandois pas tant, et que je serois satisfait de lui pourvu qu'il s'obligeât de ne me point tuer. Cette grâce, Sire, est un canonicat de votre chapelle royale de Vincennes, vacant par la mort de...

Oserois-je demander encore cette grâce à Votre Majesté le propre jour de la grande résurrection de *Tartuffe*, ressuscité par vos bontés ? Je suis, par cette première faveur, réconcilié avec les dévots; et je le serois par cette seconde avec les médecins. C'est pour moi sans doute trop de grâce à la fois; mais peut-être n'en est-ce pas trop pour Votre Majesté; et j'attends avec un peu d'espérance respectueuse la réponse de mon placet.

LE TARTUFFE

COMÉDIE

ACTEURS

Mme PERNELLE, mère d'Orgon.
ORGON, mari d'Elmire.
ELMIRE, femme d'Orgon.
DAMIS, fils d'Orgon.
MARIANE, fille d'Orgon et amante de Valère
VALÈRE, amant de Mariane.
CLÉANTE, beau-frère d'Orgon.
TARTUFFE, faux-dévot.
DORINE, suivante de Mariane.
M. LOYAL, sergent.
UN EXEMPT.
FLIPOTE, servante de Mme Pernelle.

La scène est à Paris.

ACTE I

SCÈNE PREMIÈRE

Madame Pernelle *et* Flipote, *sa servante*, Elmire, Mariane, Dorine, Damis, Cléante

MADAME PERNELLE
Allons, Flipote, allons, que d'eux je me délivre.

ELMIRE
Vous marchez d'un tel pas qu'on a peine à vous suivre.

MADAME PERNELLE
Laissez, ma bru, laissez, ne venez pas plus loin :
Ce sont toutes façons dont je n'ai pas besoin.

ELMIRE
De ce que l'on vous doit envers vous on s'acquitte.   5
Mais, ma mère, d'où vient que vous sortez si vite?

MADAME PERNELLE
C'est que je ne puis voir tout ce ménage-ci,
Et que de me complaire on ne prend nul souci.
Oui, je sors de chez vous fort mal édifiée :
Dans toutes mes leçons j'y suis contrariée,   10
On n'y respecte rien, chacun y parle haut,
Et c'est tout justement la cour du roi Pétaut.

LE TARTUFFE

DORINE
Si....

MADAME PERNELLE
Vous êtes, mamie, une fille suivante
Un peu trop forte en gueule, et fort impertinente:
Vous vous mêlez sur tout de dire votre avis.

DAMIS
Mais....

MADAME PERNELLE
Vous êtes un sot en trois lettres, mon fils;
C'est moi qui vous le dis, qui suis votre grand'mère;
Et j'ai prédit cent fois à mon fils, votre père,
Que vous preniez tout l'air d'un méchant garnement,
Et ne lui donneriez jamais que du tourment.

MARIANE
Je crois....

MADAME PERNELLE
Mon Dieu, sa sœur, vous faites la discrette,
Et vous n'y touchez pas, tant vous semblez doucette;
Mais il n'est, comme on dit, pire eau que l'eau qui dort,
Et vous menez sous chape un train que je hais fort.

ELMIRE
Mais, ma mère....

MADAME PERNELLE
Ma bru, qu'il ne vous en déplaise,
Votre conduite en tout est tout à fait mauvaise;
Vous devriez leur mettre un bon exemple aux yeux,
Et leur défunte mère en usoit beaucoup mieux.
Vous êtes dépensière; et cet état me blesse,
Que vous alliez vêtue ainsi qu'une princesse.

Quiconque à son mari veut plaire seulement,
Ma bru, n'a pas besoin de tant d'ajustement.

CLÉANTE

Mais, Madame, après tout....

MADAME PERNELLE

                        Pour vous, Monsieur son frère,
Je vous estime fort, vous aime, et vous révère;
Mais enfin, si j'étois de mon fils, son époux,   35
Je vous prierois bien fort de n'entrer point chez nous.
Sans cesse vous prêchez des maximes de vivre
Qui par d'honnêtes gens ne se doivent point suivre.
Je vous parle un peu franc; mais c'est là mon humeur,
Et je ne mâche point ce que j'ai sur le cœur.   40

DAMIS

Votre Monsieur Tartuffe est bien heureux sans doute....

MADAME PERNELLE

C'est un homme de bien, qu'il faut que l'on écoute;
Et je ne puis souffrir sans me mettre en courroux
De le voir querellé par un fou comme vous.

DAMIS

Quoi? je souffrirai, moi, qu'un cagot de critique   45
Vienne usurper céans un pouvoir tyrannique,
Et que nous ne puissions à rien nous divertir,
Si ce beau Monsieur-là n'y daigne consentir?

DORINE

S'il le faut écouter et croire à ses maximes,
On ne peut faire rien qu'on ne fasse des crimes;   50
Car il contrôle tout, ce critique zélé.

MADAME PERNELLE

Et tout ce qu'il contrôle est fort bien contrôlé.
C'est au chemin du Ciel qu'il prétend vous conduire,
Et mon fils à l'aimer vous devroit tous induire.

DAMIS

Non, voyez-vous, ma mère, il n'est père ni rien　　55
Qui me puisse obliger à lui vouloir du bien :
Je trahirois mon cœur de parler d'autre sorte ;
Sur ses façons de faire à tous coups je m'emporte ;
J'en prévois une suite, et qu'avec ce pied plat
Il faudra que j'en vienne à quelque grand éclat.　　60

DORINE

Certes c'est une chose aussi qui scandalise,
De voir qu'un inconnu céans s'impatronise ;
Qu'un gueux qui, quand il vint, n'avoit pas de souliers
Et dont l'habit entier valoit bien six deniers,
En vienne jusque-là que de se méconnaître,　　65
De contrarier tout, et de faire le maître.

MADAME PERNELLE

Hé ! merci de ma vie ! il en iroit bien mieux,
Si tout se gouvernoit par ses ordres pieux.

DORINE

Il passe pour un saint dans votre fantaisie :
Tout son fait, croyez-moi, n'est rien qu'hypocrisie.　　70

MADAME PERNELLE
Voyez la langue !
DORINE
　　　　　A lui, non plus qu'à son Laurent,
Je ne me fierois, moi, que sur un bon garant.

MADAME PERNELLE

J'ignore ce qu'au fond le serviteur peut être ;
Mais pour homme de bien, je garantis le maître.
Vous ne lui voulez mal et ne le rebutez
Qu'à cause qu'il vous dit à tous vos vérités. 75
C'est contre le péché que son cœur se courrouce,
Et l'intérêt du Ciel est tout ce qui le pousse.

DORINE

Oui ; mais pourquoi, surtout depuis un certain temps,
Ne sauroit-il souffrir qu'aucun hante céans ? 80
En quoi blesse le Ciel une visite honnête,
Pour en faire un vacarme à nous rompre la tête ?
Veut-on que là-dessus je m'explique entre nous ?
Je crois que de Madame il est, ma foi, jaloux.

MADAME PERNELLE

Taisez-vous, et songez aux choses que vous dites. 85
Ce n'est pas lui tout seul qui blâme ces visites.
Tout ce tracas qui suit les gens que vous hantez,
Ces carrosses sans cesse à la porte plantés,
Et de tant de laquais le bruyant assemblage
Font un éclat fâcheux dans tout le voisinage. 90
Je veux croire qu'au fond il ne se passe rien ;
Mais enfin on en parle, et cela n'est pas bien.

CLÉANTE

Hé ! voulez-vous, Madame, empêcher qu'on ne cause ?
Ce seroit dans la vie une fâcheuse chose,
Si pour les sots discours où l'on peut être mis, 95
Il falloit renoncer à ses meilleurs amis.
Et quand même on pourroit se résoudre à le faire,
Croiriez-vous obliger tout le monde à se taire ?

Contre la médisance il n'est point de rempart.
A tous les sots caquets n'ayons donc nul égard ; 100
Efforçons-nous de vivre avec toute innocence,
Et laissons aux causeurs une pleine licence.

DORINE

Daphné, notre voisine, et son petit époux
Ne seroient-ils point ceux qui parlent mal de nous ?
Ceux de qui la conduite offre le plus à rire 105
Sont toujours sur autrui les premiers à médire ;
Ils ne manquent jamais de saisir promptement
L'apparente lueur du moindre attachement,
D'en semer la nouvelle avec beaucoup de joie,
Et d'y donner le tour qu'ils veulent qu'on y croie : 110
Des actions d'autrui, teintes de leurs couleurs,
Ils pensent dans le monde autoriser les leurs,
Et sous le faux espoir de quelque ressemblance,
Aux intrigues qu'ils ont donner de l'innocence,
Ou faire ailleurs tomber quelques traits partagés 115
De ce blâme public dont ils sont trop chargés.

MADAME PERNELLE

Tous ces raisonnements ne font rien à l'affaire.
On sait qu'Orante mène une vie exemplaire :
Tous ses soins vont au Ciel ; et j'ai su par des gens
Qu'elle condamne fort le train qui vient céans. 120

DORINE

L'exemple est admirable, et cette dame est bonne !
Il est vrai qu'elle vit en austère personne ;
Mais l'âge dans son âme a mis ce zèle ardent,
Et l'on sait qu'elle est prude à son corps défendant.
Tant qu'elle a pu des cœurs attirer les hommages, 125

Elle a fort bien joui de tous ses avantages ;
Mais, voyant de ses yeux tous les brillants baisser,
Au monde, qui la quitte, elle veut renoncer,
Et du voile pompeux d'une haute sagesse
De ses attraits usés déguiser la foiblesse.   130
Ce sont là les retours des coquettes du temps.
Il leur est dur de voir déserter les galants.
Dans un tel abandon, leur sombre inquiétude
Ne voit d'autre recours que le métier de prude ;
Et la sévérité de ces femmes de bien   135
Censure toute chose, et ne pardonne à rien ;
Hautement d'un chacun elles blâment la vie,
Non point par charité, mais par un trait d'envie,
Qui ne sauroit souffrir qu'une autre ait les plaisirs
Dont le penchant de l'âge a sevré leurs désirs.   140

MADAME PERNELLE

Voilà les contes bleus qu'il vous faut pour vous plaire.
Ma bru, l'on est chez vous contrainte de se taire,
Car Madame à jaser tient le dé tout le jour.
Mais enfin je prétends discourir à mon tour :
Je vous dis que mon fils n'a rien fait de plus sage   145
Qu'en recueillant chez soi ce dévot personnage ;
Que le Ciel au besoin l'a céans envoyé
Pour redresser à tous votre esprit fourvoyé ;
Que pour votre salut vous le devez entendre,
Et qu'il ne reprend rien qui ne soit à reprendre.   150
Ces visites, ces bals, ces conversations
Sont du malin esprit toutes inventions.
Là jamais on n'entend de pieuses paroles :
Ce sont propos oisifs, chansons et fariboles ;
Bien souvent le prochain en a sa bonne part,   155

Et l'on y sait médire et du tiers et du quart.
Enfin les gens sensés ont leurs têtes troublées
De la confusion de telles assemblées :
Mille caquets divers s'y font en moins de rien ;
Et comme l'autre jour un docteur dit fort bien,   160
C'est véritablement la tour de Babylone,
Car chacun y babille, et tout du long de l'aune ;
Et pour conter l'histoire où ce point l'engagea....
Voilà-t-il pas Monsieur qui ricane déjà !
Allez chercher vos fous qui vous donnent à rire,   165
Et sans... Adieu, ma bru : je ne veux plus rien dire.
Sachez que pour céans j'en rabats de moitié,
Et qu'il fera beau temps quand j'y mettrai le pied.
    (*Donnant un soufflet à Flipote.*)
Allons, vous, vous rêvez, et bayez aux corneilles.
Jour de Dieu ! je saurai vous frotter les oreilles.   170
Marchons, gaupe, marchons.

SCÈNE II

CLÉANTE, DORINE

CLÉANTE

     Je n'y veux point aller,
De peur qu'elle ne vînt encor me quereller,
Que cette bonne femme....

DORINE

    Ah ! certes, c'est dommage
Qu'elle ne vous ouït tenir un tel langage !
Elle vous diroit bien qu'elle vous trouve bon,   175
Et qu'elle n'est point d'âge à lui donner ce nom.

CLÉANTE

Comme elle s'est pour rien contre nous échauffée !
Et que de son Tartuffe elle paroît coiffée !

DORINE

Oh ! vraiment tout cela n'est rien au prix du fils,
Et si vous l'aviez vu, vous diriez : « C'est bien pis ! »   180
Nos troubles l'avoient mis sur le pied d'homme sage,
Et pour servir son prince il montra du courage ;
Mais il est devenu comme un homme hébété,
Depuis que de Tartuffe on le voit entêté ;
Il l'appelle son frère, et l'aime dans son âme   185
Cent fois plus qu'il ne fait mère, fils, fille, et femme.
C'est de tous ses secrets l'unique confident,
Et de ses actions le directeur prudent ;
Il le choie, il l'embrasse, et pour une maîtresse
On ne sauroit, je pense, avoir plus de tendresse ;   190
A table, au plus haut bout il veut qu'il soit assis ;
Avec joie il l'y voit manger autant que six ;
Les bons morceaux de tout, il fait qu'on les lui cède ;
Et s'il vient à roter, il lui dit : « Dieu vous aide ! »
            (*C'est une servante qui parle.*)
Enfin il en est fou ; c'est son tout, son héros ;   195
Il l'admire à tous coups, le cite à tout propos ;
Ses moindres actions lui semblent des miracles,
Et tous les mots qu'il dit sont pour lui des oracles.
Lui, qui connoît sa dupe et qui veut en jouir,
Par cent dehors fardés a l'art de l'éblouir ;   200
Son cagotisme en tire à toute heure des sommes,
Et prend droit de gloser sur tous tant que nous sommes.
Il n'est pas jusqu'au fat qui lui sert de garçon
Qui ne se mêle aussi de nous faire leçon ;

Il vient nous sermonner avec des yeux farouches, 205
Et jeter nos rubans, notre rouge et nos mouches.
Le traître, l'autre jour, nous rompit de ses mains
Un mouchoir qu'il trouva dans une *Fleur des Saints*,
Disant que nous mêlions, par un crime effroyable,
Avec la sainteté les parures du diable. 210

SCÈNE III

Elmire, Mariane, Damis, Cléante, Dorine

ELMIRE

Vous êtes bien heureux de n'être point venu
Au discours qu'à la porte elle nous a tenu.
Mais j'ai vu mon mari ; comme il ne m'a point vue,
Je veux aller là-haut attendre sa venue.

CLÉANTE

Moi, je l'attends ici pour moins d'amusement, 215
Et je vais lui donner le bonjour seulement.

DAMIS

De l'hymen de ma sœur touchez-lui quelque chose.
J'ai soupçon que Tartuffe à son effet s'oppose,
Qu'il oblige mon père à des détours si grands ;
Et vous n'ignorez pas quel intérêt j'y prends. 220
Si même ardeur enflamme et ma sœur et Valère,
La sœur de cet ami, vous le savez, m'est chère ;
Et s'il falloit....

DORINE
Il entre.

SCÈNE IV

Orgon, Cléante, Dorine

ORGON
Ah! mon frère, bonjour.

CLÉANTE
Je sortois, et j'ai joie à vous voir de retour.
La campagne à présent n'est pas beaucoup fleurie. 225

ORGON
Dorine... Mon beau-frère, attendez, je vous prie:
Vous voulez bien souffrir, pour m'ôter de souci,
Que je m'informe un peu des nouvelles d'ici.
Tout s'est-il, ces deux jours, passé de bonne sorte?
Qu'est-ce qu'on fait céans? comme est-ce qu'on s'y porte?

DORINE
Madame eut avant-hier la fièvre jusqu'au soir, 231
Avec un mal de tête étrange à concevoir.

ORGON
Et Tartuffe?

DORINE
Tartuffe? Il se porte à merveille,
Gros et gras, le teint frais, et la bouche vermeille.

ORGON
Le pauvre homme!

DORINE
Le soir, elle eut un grand dégoût, 235
Et ne put au souper toucher à rien du tout,
Tant sa douleur de tête étoit encor cruelle!

ORGON

Et Tartuffe ?

DORINE

Il soupa, lui tout seul, devant elle,
Et fort dévotement il mangea deux perdrix,
Avec une moitié de gigot en hachis. 240

ORGON

Le pauvre homme !

DORINE

La nuit se passa toute entière
Sans qu'elle pût fermer un moment la paupière ;
Des chaleurs l'empêchoient de pouvoir sommeiller,
Et jusqu'au jour près d'elle il nous fallut veiller.

ORGON

Et Tartuffe ?

DORINE

Pressé d'un sommeil agréable, 245
Il passa dans sa chambre au sortir de la table,
Et dans son lit bien chaud il se mit tout soudain,
Où sans trouble il dormit jusques au lendemain.

ORGON

Le pauvre homme !

DORINE

A la fin, par nos raisons gagnée,
Elle se résolut à souffrir la saignée, 250
Et le soulagement suivit tout aussitôt.

ORGON

Et Tartuffe ?

DORINE

Il reprit courage comme il faut,
Et contre tous les maux fortifiant son âme,

Pour réparer le sang qu'avoit perdu Madame,
But à son déjeuner quatre grands coups de vin.   255

             ORGON
Le pauvre homme!
             DORINE
               Tous deux se portent bien enfin;
Et je vais à Madame annoncer par avance
La part que vous prenez à sa convalescence.

          SCÈNE V

        Orgon, Cléante

           CLÉANTE
A votre nez, mon frère, elle se rit de vous;
Et sans avoir dessein de vous mettre en courroux,   260
Je vous dirai tout franc que c'est avec justice.
A-t-on jamais parlé d'un semblable caprice?
Et se peut-il qu'un homme ait un charme aujourd'hui
A vous faire oublier toutes choses pour lui,
Qu'après avoir chez vous réparé sa misère,   265
Vous en veniez au point...?

             ORGON
              Alte-là, mon beau-frère:
Vous ne connoissez pas celui dont vous parlez.

           CLÉANTE
Je ne le connois pas, puisque vous le voulez;
Mais enfin, pour savoir quel homme ce peut être....

             ORGON
Mon frère, vous seriez charmé de le connoître.   270

Et vos ravissements ne prendroient point de fin.
C'est un homme... qui... ha!... un homme... un
[homme enfin.
Qui suit bien ses leçons goûte une paix profonde,
Et comme du fumier regarde tout le monde.
Oui, je deviens tout autre avec son entretien; 275
Il m'enseigne à n'avoir affection pour rien,
De toutes amitiés il détache mon âme;
Et je verrois mourir frère, enfants, mère et femme,
Que je m'en soucierois autant que de cela.

CLÉANTE
Les sentiments humains, mon frère, que voilà! 280

ORGON
Ha! si vous aviez vu comme j'en fis rencontre,
Vous auriez pris pour lui l'amitié que je montre.
Chaque jour à l'église il venoit, d'un air doux,
Tout vis-à-vis de moi se mettre à deux genoux.
Il attiroit les yeux de l'assemblée entière 285
Par l'ardeur dont au Ciel il poussoit sa prière;
Il faisoit des soupirs, de grands élancements,
Et baisoit humblement la terre à tous moments;
Et lorsque je sortois, il me devançoit vite,
Pour m'aller à la porte offrir de l'eau bénite. 290
Instruit par son garçon, qui dans tout l'imitoit,
Et de son indigence, et de ce qu'il étoit,
Je lui faisois des dons; mais avec modestie
Il me vouloit toujours en rendre une partie.
«C'est trop, me disoit-il, c'est trop de la moitié; 295
Je ne mérite pas de vous faire pitié;»
Et quand je refusois de le vouloir reprendre,
Aux pauvres, à mes yeux, il alloit le répandre.

Enfin le Ciel chez moi me le fit retirer,
Et depuis ce temps-là tout semble y prospérer. 300
Je vois qu'il reprend tout, et qu'à ma femme même
Il prend, pour mon honneur, un intérêt extrême;
Il m'avertit des gens qui lui font les yeux doux,
Et plus que moi six fois il s'en montre jaloux.
Mais vous ne croiriez point jusqu'où monte son zèle: 305
Il s'impute à péché la moindre bagatelle;
Un rien presque suffit pour le scandaliser;
Jusque-là qu'il se vint l'autre jour accuser
D'avoir pris une puce en faisant sa prière,
Et de l'avoir tuée avec trop de colère. 310

CLÉANTE

Parbleu! vous êtes fou, mon frère, que je croi.
Avec de tels discours vous moquez-vous de moi?
Et que prétendez-vous que tout ce badinage...?

ORGON

Mon frère, ce discours sent le libertinage:
Vous en êtes un peu dans votre âme entiché; 315
Et comme je vous l'ai plus de dix fois prêché,
Vous vous attirerez quelque méchante affaire.

CLÉANTE

Voilà de vos pareils le discours ordinaire;
Ils veulent que chacun soit aveugle comme eux.
C'est être libertin que d'avoir de bons yeux, 320
Et qui n'adore pas de vaines simagrées,
N'a ni respect ni loi pour les choses sacrées.
Allez, tous vos discours ne me font point de peur;
Je sais comme je parle, et le Ciel voit mon cœur.
De tous vos façonniers on n'est point les esclaves. 325

Il est de faux dévots ainsi que de faux braves;
Et, comme on ne voit pas qu'où l'honneur les conduit
Les vrais braves soient ceux qui font beaucoup de bruit,
Les bons et vrais dévots, qu'on doit suivre à la trace,
Ne sont pas ceux aussi qui font tant de grimace. 330
Hé quoi? vous ne ferez nulle distinction
Entre l'hypocrisie et la dévotion?
Vous les voulez traiter d'un semblable langage,
Et rendre même honneur au masque qu'au visage,
Égaler l'artifice à la sincérité, 335
Confondre l'apparence avec la vérité,
Estimer le fantôme autant que la personne,
Et la fausse monnoie à l'égal de la bonne?
Les hommes la plupart sont étrangement faits!
Dans la juste nature on ne les voit jamais; 340
La raison a pour eux des bornes trop petites;
En chaque caractère ils passent ses limites;
Et la plus noble chose, ils la gâtent souvent
Pour la vouloir outrer et pousser trop avant.
Que cela vous soit dit en passant, mon beau-frère. 345

ORGON

Oui, vous êtes sans doute un docteur qu'on révère;
Tout le savoir du monde est chez vous retiré;
Vous êtes le seul sage et le seul éclairé,
Un oracle, un Caton dans le siècle où nous sommes;
Et près de vous ce sont des sots que tous les hommes. 350

CLÉANTE

Je ne suis point, mon frère, un docteur révéré,
Et le savoir chez moi n'est pas tout retiré.
Mais, en un mot, je sais, pour toute ma science,

Du faux avec le vrai faire la différence.
Et comme je ne vois nul genre de héros 355
Qui soient plus à priser que les parfaits dévots,
Aucune chose au monde et plus noble et plus belle
Que la sainte ferveur d'un véritable zèle,
Aussi ne vois-je rien qui soit plus odieux
Que le dehors plâtré d'un zèle spécieux, 360
Que ces francs charlatans, que ces dévots de place,
De qui la sacrilège et trompeuse grimace
Abuse impunément, et se joue, à leur gré,
De ce qu'ont les mortels de plus saint et sacré,
Ces gens qui, par une âme à l'intérêt soumise, 365
Font de dévotion métier et marchandise,
Et veulent acheter crédit et dignités
A prix de faux clins d'yeux et d'élans affectés,
Ces gens, dis-je, qu'on voit d'une ardeur non commune
Par le chemin du Ciel courir à leur fortune, 370
Qui, brûlants et priants, demandent chaque jour,
Et prêchent la retraite au milieu de la cour,
Qui savent ajuster leur zèle avec leurs vices,
Sont prompts, vindicatifs, sans foi, pleins d'artifices,
Et pour perdre quelqu'un couvrent insolemment 375
De l'intérêt du Ciel leur fier ressentiment,
D'autant plus dangereux dans leur âpre colère,
Qu'ils prennent contre nous des armes qu'on révère,
Et que leur passion, dont on leur sait bon gré,
Veut nous assassiner avec un fer sacré. 380
De ce faux caractère on en voit trop paroître ;
Mais les dévots de cœur sont aisés à connoître.
Notre siècle, mon frère, en expose à nos yeux
Qui peuvent nous servir d'exemples glorieux :
Regardez Ariston, regardez Périandre, 385

Oronte, Alcidamas, Polydore, Clitandre;
Ce titre par aucun ne leur est débattu;
Ce ne sont point du tout fanfarons de vertu;
On ne voit point en eux ce faste insupportable,
Et leur dévotion est humaine, est traitable; 390
Ils ne censurent point toutes nos actions:
Ils trouvent trop d'orgueil dans ces corrections;
Et laissant la fierté des paroles aux autres,
C'est par leurs actions qu'ils reprennent les nôtres.
L'apparence du mal a chez eux peu d'appui, 395
Et leur âme est portée à juger bien d'autrui.
Point de cabale en eux, point d'intrigues à suivre;
On les voit, pour tous soins, se mêler de bien vivre;
Jamais contre un pécheur ils n'ont d'acharnement;
Ils attachent leur haine au péché seulement, 400
Et ne veulent point prendre, avec un zèle extrême,
Les intérêts du Ciel plus qu'il ne veut lui-même.
Voilà mes gens, voilà comme il en faut user,
Voilà l'exemple enfin qu'il se faut proposer.
Votre homme, à dire vrai, n'est pas de ce modèle: 405
C'est de fort bonne foi que vous vantez son zèle;
Mais par un faux éclat je vous crois ébloui.

ORGON

Monsieur mon cher beau-frère, avez-vous tout dit ?

CLÉANTE

Oui.

ORGON

Je suis votre valet. (*Il veut s'en aller.*)

CLÉANTE

De grâce, un mot, mon frère.

Laissons là ce discours. Vous savez que Valère 410
Pour être votre gendre a parole de vous ?

ORGON

Oui.

CLÉANTE

Vous aviez pris jour pour un lien si doux.

ORGON

Il est vrai.

CLÉANTE

Pourquoi donc en différer la fête ?

ORGON

Je ne sais.

CLÉANTE

Auriez-vous autre pensée en tête ?

ORGON

Peut-être.

CLÉANTE

Vous voulez manquer à votre foi? 415

ORGON

Je ne dis pas cela.

CLÉANTE

Nul obstacle, je croi,
Ne peut vous empêcher d'accomplir vos promesses.

ORGON

Selon.

CLÉANTE

Pour dire un mot faut-il tant de finesses ?
Valère sur ce point me fait vous visiter.

ORGON

Le Ciel en soit loué!

CLÉANTE

    Mais que lui reporter? 420

ORGON

Tout ce qu'il vous plaira.

CLÉANTE

        Mais il est nécessaire
De savoir vos desseins. Quels sont-ils donc?

ORGON

                      De faire
Ce que le Ciel voudra.

CLÉANTE

        Mais parlons tout de bon.
Valère a votre foi: la tiendrez-vous, ou non?

ORGON

Adieu.

CLÉANTE

    Pour son amour je crains une disgrâce, 425
Et je dois l'avertir de tout ce qui se passe.

ACTE II

SCÈNE PREMIÈRE

Orgon, Mariane

ORGON

Mariane.

MARIANE

Mon père.

ORGON

Approchez, j'ai de quoi
Vous parler en secret.

MARIANE

Que cherchez-vous ?

ORGON (*Il regarde dans un petit cabinet.*)
Je voi
Si quelqu'un n'est point là qui pourroit nous entendre ;
Car ce petit endroit est propre pour surprendre. 430
Or sus, nous voilà bien. J'ai, Mariane, en vous
Reconnu de tout temps un esprit assez doux,
Et de tout temps aussi vous m'avez été chère.

MARIANE

Je suis fort redevable à cet amour de père.

ORGON

C'est fort bien dit, ma fille ; et pour le mériter, 435
Vous devez n'avoir soin que de me contenter.

MARIANE

C'est où je mets aussi ma gloire la plus haute.

ORGON

Fort bien. Que dites-vous de Tartuffe notre hôte ?

MARIANE

Qui, moi ?

ORGON

Vous. Voyez bien comme vous répondrez.

MARIANE

Hélas ! j'en dirai, moi, tout ce que vous voudrez. 440

ORGON

C'est parler sagement. Dites-moi donc, ma fille,
Qu'en toute sa personne un haut mérite brille,
Qu'il touche votre cœur, et qu'il vous seroit doux
De le voir par mon choix devenir votre époux.
Eh ?

(*Mariane se recule avec surprise.*)

MARIANE

Eh !

ORGON

Qu'est-ce ?

MARIANE

Plaît-il ?

ORGON

Quoi ?

MARIANE

Me suis-je méprise ? 445

ORGON

Comment ?

MARIANE

Qui voulez-vous, mon père, que je dise
Qui me touche le cœur, et qu'il me seroit doux
De voir par votre choix devenir mon époux ?

ORGON

Tartuffe.

MARIANE

Il n'en est rien, mon père, je vous jure.
Pourquoi me faire dire une telle imposture ? 450

ORGON

Mais je veux que cela soit une vérité ;
Et c'est assez pour vous que je l'aie arrêté.

MARIANE

Quoi? vous voulez, mon père...?

ORGON

Oui, je prétends, ma fille,
Unir par votre hymen Tartuffe à ma famille.
Il sera votre époux, j'ai résolu cela ; 455
Et comme sur vos vœux je...

SCÈNE II

Dorine, Orgon, Mariane

ORGON

Que faites-vous là ?
La curiosité qui vous presse est bien forte,
Mamie, à nous venir écouter de la sorte.

DORINE

Vraiment, je ne sais pas si c'est un bruit qui part

De quelque conjecture, ou d'un coup de hasard ; 460
Mais de ce mariage on m'a dit la nouvelle,
Et j'ai traité cela de pure bagatelle.

ORGON
Quoi donc? la chose est-elle incroyable?

DORINE
A tel point,
Que vous-même, Monsieur, je ne vous en crois point.

ORGON
Je sais bien le moyen de vous le faire croire. 465

DORINE
Oui, oui, vous nous contez une plaisante histoire.

ORGON
Je conte justement ce qu'on verra dans peu.

DORINE
Chansons!
ORGON
Ce que je dis, ma fille, n'est point jeu.

DORINE
Allez, ne croyez point à Monsieur votre père:
Il raille.
ORGON
Je vous dis...
DORINE
Non, vous avez beau faire, 470
On ne vous croira point.
ORGON
A la fin mon courroux...

DORINE

Hé bien ! on vous croit donc, et c'est tant pis pour vous.
Quoi ! se peut-il, Monsieur, qu'avec l'air d'homme sage
Et cette large barbe au milieu du visage,
Vous soyez assez fou pour vouloir... ?

ORGON

                              Écoutez :   475
Vous avez pris céans certaines privautés
Qui ne me plaisent point ; je vous le dis, mamie.

DORINE

Parlons sans nous fâcher, Monsieur, je vous supplie.
Vous moquez-vous des gens d'avoir fait ce complot ?
Votre fille n'est point l'affaire d'un bigot :   480
Il a d'autres emplois auxquels il faut qu'il pense.
Et puis, que vous apporte une telle alliance ?
A quel sujet aller, avec tout votre bien,
Choisir un gendre gueux ?...

ORGON

                          Taisez-vous. S'il n'a rien,
Sachez que c'est par là qu'il faut qu'on le révère.   485
Sa misère est sans doute une honnête misère ;
Au-dessus des grandeurs elle doit l'élever,
Puisque enfin de son bien il s'est laissé priver
Par son trop peu de soin des choses temporelles,
Et sa puissante attache aux choses éternelles.   490
Mais mon secours pourra lui donner les moyens
De sortir d'embarras et rentrer dans ses biens :
Ce sont fiefs qu'à bon titre au pays on renomme ;
Et tel que l'on le voit, il est bien gentilhomme.

DORINE

Oui, c'est lui qui le dit ; et cette vanité, </br>
Monsieur, ne sied pas bien avec la piété. </br>
Qui d'une sainte vie embrasse l'innocence </br>
Ne doit point tant prôner son nom et sa naissance, </br>
Et l'humble procédé de la dévotion </br>
Souffre mal les éclats de cette ambition. </br>
A quoi bon cet orgueil?... Mais ce discours vous blesse: </br>
Parlons de sa personne, et laissons sa noblesse. </br>
Ferez-vous possesseur, sans quelque peu d'ennui, </br>
D'une fille comme elle un homme comme lui? </br>
Et ne devez-vous pas songer aux bienséances, </br>
Et de cette union prévoir les conséquences? </br>
Sachez que d'une fille on risque la vertu, </br>
Lorsque dans son hymen son goût est combattu, </br>
Que le dessein d'y vivre en honnête personne </br>
Dépend des qualités du mari qu'on lui donne, </br>
Et que ceux dont partout on montre au doigt le front </br>
Font leurs femmes souvent ce qu'on voit qu'elles sont. </br>
Il est bien difficile enfin d'être fidèle </br>
A de certains maris faits d'un certain modèle ; </br>
Et qui donne à sa fille un homme qu'elle hait </br>
Est responsable au Ciel des fautes qu'elle fait. </br>
Songez à quels périls votre dessein vous livre.

ORGON

Je vous dis qu'il me faut apprendre d'elle à vivre.

DORINE

Vous n'en feriez que mieux de suivre mes leçons.

ORGON

Ne nous amusons point, ma fille, à ces chansons:

ACTE II, SCÈNE II 43

Je sais ce qu'il vous faut, et je suis votre père.
J'avois donné pour vous ma parole à Valère ;
Mais outre qu'à jouer on dit qu'il est enclin,
Je le soupçonne encor d'être un peu libertin :
Je ne remarque point qu'il hante les églises. 525

DORINE

Voulez-vous qu'il y coure à vos heures précises,
Comme ceux qui n'y vont que pour être aperçus ?

ORGON

Je ne demande pas votre avis là-dessus.
Enfin avec le Ciel l'autre est le mieux du monde,
Et c'est une richesse à nulle autre seconde. 530
Cet hymen de tous biens comblera vos désirs,
Il sera tout confit en douceurs et plaisirs.
Ensemble vous vivrez, dans vos ardeurs fidèles,
Comme deux vrais enfants, comme deux tourterelles ;
A nul fâcheux débat jamais vous n'en viendrez, 535
Et vous ferez de lui tout ce que vous voudrez.

DORINE

Elle ? elle n'en fera qu'un sot, je vous assure.

ORGON

Ouais ! quels discours !
DORINE
Je dis qu'il en a l'encolure,
Et que son ascendant, Monsieur, l'emportera
Sur toute la vertu que votre fille aura. 540

ORGON

Cessez de m'interrompre, et songez à vous taire,
Sans mettre votre nez où vous n'avez que faire.

DORINE

Je n'en parle, Monsieur, que pour votre intérêt.
(*Elle l'interrompt toujours au moment qu'il se retourne pour parler à sa fille.*)

ORGON

C'est prendre trop de soin : taisez-vous, s'il vous plaît.

DORINE

Si l'on ne vous aimoit...

ORGON

Je ne veux pas qu'on m'aime. 545

DORINE

Et je veux vous aimer, Monsieur, malgré vous-même.

ORGON

Ah !

DORINE

Votre honneur m'est cher, et je ne puis souffrir
Qu'aux brocards d'un chacun vous alliez vous offrir.

ORGON

Vous ne vous tairez point?

DORINE

C'est une conscience
Que de vous laisser faire une telle alliance. 550

ORGON

Te tairas-tu, serpent, dont les traits effrontés...?

DORINE

Ah! vous êtes dévot, et vous vous emportez?

ACTE II, SCÈNE II

ORGON
Oui, ma bile s'échauffe à toutes ces fadaises,
Et tout résolûment je veux que tu te taises.

DORINE
Soit. Mais, ne disant mot, je n'en pense pas moins. 555

ORGON
Pense, si tu le veux; mais applique tes soins
(*Se retournant vers sa fille.*)
A ne m'en point parler, ou... : suffit. Comme sage,
J'ai pesé mûrement toutes choses.

DORINE
                        J'enrage
De ne pouvoir parler.
(*Elle se tait lorsqu'il tourne la tête.*)

ORGON
               Sans être damoiseau,
Tartuffe est fait de sorte....

DORINE
               Oui, c'est un beau museau. 560

ORGON
Que quand tu n'aurois même aucune sympathie
Pour tous les autres dons....
(*Il se tourne devant elle, et la regarde les bras croisés.*)

DORINE
                   La voilà bien lotie!
Si j'étois en sa place, un homme assurément
Ne m'épouseroit pas de force impunément;

Et je lui ferois voir bientôt après la fête 565
Qu'une femme a toujours une vengeance prête.

ORGON

Donc de ce que je dis on ne fera nul cas?

DORINE

De quoi vous plaignez-vous? Je ne vous parle pas.

ORGON

Qu'est-ce que tu fais donc?

DORINE

Je me parle à moi-même.

ORGON

Fort bien. Pour châtier son insolence extrême, 570
Il faut que je lui donne un revers de ma main.
(*Il se met en posture de lui donner un soufflet, et Dorine, à chaque coup d'œil qu'il jette, se tient droite sans parler.*)
Ma fille, vous devez approuver mon dessein...
Croire que le mari... que j'ai su vous élire...
Que ne te parles-tu?

DORINE

Je n'ai rien à me dire.

ORGON

Encore un petit mot.

DORINE

Il ne me plaît pas, moi. 575

ORGON

Certes, je t'y guettois.

DORINE

Quelque sotte, ma foi!

ORGON

Enfin, ma fille, il faut payer d'obéissance,
Et montrer pour mon choix entière déférence.

DORINE, *en s'enfuyant.*

Je me moquerois fort de prendre un tel époux.
       (*Il lui veut donner un soufflet et la manque.*)

ORGON

Vous avez là, ma fille, une peste avec vous,   580
Avec qui, sans péché, je ne saurois plus vivre.
Je me sens hors d'état maintenant de poursuivre:
Ses discours insolents m'ont mis l'esprit en feu,
Et je vais prendre l'air pour me rasseoir un peu.

SCÈNE III

Dorine, Mariane

DORINE

Avez-vous donc perdu, dites-moi, la parole,   585
Et faut-il qu'en ceci je fasse votre rôle?
Souffrir qu'on vous propose un projet insensé,
Sans que du moindre mot vous l'ayez repoussé!

MARIANE

Contre un père absolu que veux-tu que je fasse?

DORINE

Ce qu'il faut pour parer une telle menace.   590

MARIANE

Quoi?

DORINE

Lui dire qu'un cœur n'aime point par autrui,
Que vous vous mariez pour vous, non pas pour lui,
Qu'étant celle pour qui se fait toute l'affaire,
C'est à vous, non à lui, que le mari doit plaire,
Et que si son Tartuffe est pour lui si charmant, 595
Il le peut épouser sans nul empêchement.

MARIANE

Un père, je l'avoue, a sur nous tant d'empire,
Que je n'ai jamais eu la force de rien dire.

DORINE

Mais raisonnons. Valère a fait pour vous des pas:
L'aimez-vous, je vous prie, ou ne l'aimez-vous pas? 600

MARIANE

Ah! qu'envers mon amour ton injustice est grande,
Dorine! me dois-tu faire cette demande?
T'ai-je pas là-dessus ouvert cent fois mon cœur,
Et sais-tu pas pour lui jusqu'où va mon ardeur?

DORINE

Que sais-je si le cœur a parlé par la bouche, 605
Et si c'est tout de bon que cet amant vous touche?

MARIANE

Tu me fais un grand tort, Dorine, d'en douter,
Et mes vrais sentiments ont su trop éclater.

DORINE

Enfin, vous l'aimez donc?

MARIANE

Oui, d'une ardeur extrême.

DORINE
Et selon l'apparence il vous aime de même ? 610

MARIANE
Je le crois.

DORINE
Et tous deux brûlez également
De vous voir mariés ensemble ?

MARIANE
Assurément.

DORINE
Sur cette autre union quelle est donc votre attente ?

MARIANE
De me donner la mort si l'on me violente.

DORINE
Fort bien : c'est un recours où je ne songeois pas ; 615
Vous n'avez qu'à mourir pour sortir d'embarras ;
Le remède sans doute est merveilleux. J'enrage
Lorsque j'entends tenir ces sortes de langage.

MARIANE
Mon Dieu ! de quelle humeur, Dorine, tu te rends !
Tu ne compatis point aux déplaisirs des gens. 620

DORINE
Je ne compatis point à qui dit des sornettes,
Et dans l'occasion mollit comme vous faites.

MARIANE
Mais que veux-tu ? si j'ai de la timidité.

DORINE
Mais l'amour dans un cœur veut de la fermeté.

MARIANE

Mais n'en gardé-je pas pour les feux de Valère ? 625
Et n'est-ce pas à lui de m'obtenir d'un père ?

DORINE

Mais quoi ? si votre père est un bourru fieffé,
Qui s'est de son Tartuffe entièrement coiffé,
Et manque à l'union qu'il avoit arrêtée,
La faute à votre amant doit-elle être imputée ? 630

MARIANE

Mais par un haut refus et d'éclatants mépris
Ferai-je dans mon choix voir un cœur trop épris ?
Sortirai-je pour lui, quelque éclat dont il brille,
De la pudeur du sexe et du devoir de fille ?
Et veux-tu que mes feux par le monde étalés...? 635

DORINE

Non, non, je ne veux rien. Je vois que vous voulez
Être à Monsieur Tartuffe ; et j'aurois, quand j'y pense,
Tort de vous détourner d'une telle alliance.
Quelle raison aurois-je à combattre vos vœux ?
Le parti de soi-même est fort avantageux. 640
Monsieur Tartuffe ! oh ! oh ! n'est-ce rien qu'on propose ?
Certes Monsieur Tartuffe, à bien prendre la chose,
N'est pas un homme, non, qui se mouche du pié,
Et ce n'est pas peu d'heur que d'être sa moitié.
Tout le monde déjà de gloire le couronne ; 645
Il est noble chez lui, bien fait de sa personne ;
Il a l'oreille rouge et le teint bien fleuri :
Vous vivrez trop contente avec un tel mari.

MARIANE

Mon Dieu !...

DORINE

Quelle allégresse aurez-vous dans votre âme,
Quand d'un époux si beau vous vous verrez la femme ! 650

MARIANE

Ha ! cesse, je te prie, un semblable discours,
Et contre cet hymen ouvre-moi du secours.
C'en est fait, je me rends, et suis prête à tout faire.

DORINE

Non, il faut qu'une fille obéisse à son père,
Voulût-il lui donner un singe pour époux. 655
Votre sort est fort beau : de quoi vous plaignez-vous ?
Vous irez par le coche en sa petite ville,
Qu'en oncles et cousins vous trouverez fertile,
Et vous vous plairez fort à les entretenir.
D'abord chez le beau monde on vous fera venir ; 660
Vous irez visiter, pour votre bienvenue,
Madame la baillive et Madame l'élue,
Qui d'un siège pliant vous feront honorer.
Là, dans le carnaval, vous pourrez espérer
Le bal et la grand' bande, à savoir, deux musettes, 665
Et parfois Fagotin et les marionnettes,
Si pourtant votre époux...

MARIANE

Ah ! tu me fais mourir.
De tes conseils plutôt songe à me secourir.

DORINE

Je suis votre servante.
MARIANE
Eh ! Dorine, de grâce....

DORINE

Il faut, pour vous punir, que cette affaire passe. 670

MARIANE

Ma pauvre fille!

DORINE

Non.

MARIANE

Si mes vœux déclarés...

DORINE

Point : Tartuffe est votre homme, et vous en tâterez.

MARIANE

Tu sais qu'à toi toujours je me suis confiée :
Fais-moi....

DORINE

Non, vous serez, ma foi! tartuffiée.

MARIANE

Hé bien! puisque mon sort ne sauroit t'émouvoir, 675
Laisse-moi désormais toute à mon désespoir :
C'est de lui que mon cœur empruntera de l'aide,
Et je sais de mes maux l'infaillible remède.

(*Elle veut s'en aller.*)

DORINE

Hé! là, là, revenez. Je quitte mon courroux.
Il faut, nonobstant tout, avoir pitié de vous. 680

MARIANE

Vois-tu, si l'on m'expose à ce cruel martyre,
Je te le dis, Dorine, il faudra que j'expire.

DORINE

Ne vous tourmentez point. On peut adroitement
Empêcher.... Mais voici Valère, votre amant.

SCÈNE IV

VALÈRE, MARIANE, DORINE

VALÈRE

On vient de débiter, Madame, une nouvelle 685
Que je ne savois pas, et qui sans doute est belle.

MARIANE

Quoi?

VALÈRE

Que vous épousez Tartuffe.

MARIANE

Il est certain
Que mon père s'est mis en tête ce dessein.

VALÈRE

Votre père, Madame....

MARIANE

A changé de visée:
La chose vient par lui de m'être proposée. 690

VALÈRE

Quoi? sérieusement?

MARIANE

Oui, sérieusement.
Il s'est pour cet hymen déclaré hautement.

VALÈRE

Et quel est le dessein où votre âme s'arrête,
Madame?

MARIANE

Je ne sais.

####### VALÈRE
La réponse est honnête.

Vous ne savez?

####### MARIANE
Non.

####### VALÈRE
Non?

####### MARIANE
Que me conseillez-vous? 695

####### VALÈRE
Je vous conseille, moi, de prendre cet époux.

####### MARIANE
Vous me le conseillez?

####### VALÈRE
Oui.

####### MARIANE
Tout de bon?

####### VALÈRE
Sans doute :
Le choix est glorieux, et vaut bien qu'on l'écoute.

####### MARIANE
Hé bien! c'est un conseil, Monsieur, que je reçois.

####### VALÈRE
Vous n'aurez pas grand'peine à le suivre, je crois. 700

####### MARIANE
Pas plus qu'à le donner en a souffert votre âme.

####### VALÈRE
Moi, je vous l'ai donné pour vous plaire, Madame.

MARIANE
Et moi, je le suivrai pour vous faire plaisir.

DORINE
Voyons ce qui pourra de ceci réussir.

VALÈRE
C'est donc ainsi qu'on aime? Et c'étoit tromperie 705
Quand vous....

MARIANE
Ne parlons point de cela, je vous prie.
Vous m'avez dit tout franc que je dois accepter
Celui que pour époux on me veut présenter:
Et je déclare, moi, que je prétends le faire,
Puisque vous m'en donnez le conseil salutaire. 710

VALÈRE
Ne vous excusez point sur mes intentions.
Vous aviez pris déjà vos résolutions;
Et vous vous saisissez d'un prétexte frivole
Pour vous autoriser à manquer de parole.

MARIANE
Il est vrai, c'est bien dit.

VALÈRE
Sans doute; et votre cœur 715
N'a jamais eu pour moi de véritable ardeur.

MARIANE
Hélas! permis à vous d'avoir cette pensée.

VALÈRE
Oui, oui, permis à moi; mais mon âme offensée
Vous préviendra peut-être en un pareil dessein;
Et je sais où porter et mes vœux et ma main. 720

MARIANE

Ah! je n'en doute point; et les ardeurs qu'excite
Le mérite....

VALÈRE

Mon Dieu, laissons là le mérite:
J'en ai fort peu sans doute, et vous en faites foi.
Mais j'espère aux bontés qu'une autre aura pour moi,
Et j'en sais de qui l'âme, à ma retraite ouverte, 725
Consentira sans honte à réparer ma perte.

MARIANE

La perte n'est pas grande; et de ce changement
Vous vous consolerez assez facilement.

VALÈRE

J'y ferai mon possible, et vous le pouvez croire.
Un cœur qui nous oublie engage notre gloire; 730
Il faut à l'oublier mettre aussi tous nos soins:
Si l'on n'en vient à bout, on le doit feindre au moins;
Et cette lâcheté jamais ne se pardonne,
De montrer de l'amour pour qui nous abandonne.

MARIANE

Ce sentiment, sans doute, est noble et relevé. 735

VALÈRE

Fort bien; et d'un chacun il doit être approuvé.
Hé quoi? vous voudriez qu'à jamais dans mon âme
Je gardasse pour vous les ardeurs de ma flamme,
Et vous visse, à mes yeux, passer en d'autres bras,
Sans mettre ailleurs un cœur dont vous ne voulez pas? 740

MARIANE

Au contraire: pour moi, c'est ce que je souhaite;
Et je voudrois déjà que la chose fût faite.

ACTE II, SCÈNE IV

VALÈRE

Vous le voudriez?

MARIANE

Oui.

VALÈRE

C'est assez m'insulter,
Madame; et de ce pas je vais vous contenter.
(*Il fait un pas pour s'en aller et revient toujours.*)

MARIANE

Fort bien.

VALÈRE

Souvenez-vous au moins que c'est vous-même
Qui contraignez mon cœur à cet effort extrême.   746

MARIANE

Oui.

VALÈRE

Et que le dessein que mon âme conçoit
N'est rien qu'à votre exemple.

MARIANE

A mon exemple, soit.

VALÈRE

Suffit: vous allez être à point nommé servie.

MARIANE

Tant mieux.

VALÈRE

Vous me voyez, c'est pour toute ma vie.   750

MARIANE

A la bonne heure.

VALÈRE

Euh?
(*Il s'en va; et lorsqu'il est vers la porte, il se retourne.*)

MARIANE
Quoi?

VALÈRE
Ne m'appelez-vous pas?

MARIANE
Moi? Vous rêvez.

VALÈRE
Hé bien! je poursuis donc mes pas.
Adieu, Madame.

MARIANE
Adieu, Monsieur.

DORINE
Pour moi, je pense
Que vous perdez l'esprit par cette extravagance;
Et je vous ai laissé tout du long quereller, 755
Pour voir où tout cela pourroit enfin aller.
Holà! seigneur Valère.
(*Elle va l'arrêter par le bras, et lui, fait mine de grande résistance.*)

VALÈRE
Hé! que veux-tu, Dorine?

DORINE
Venez ici.

VALÈRE
Non, non, le dépit me domine.
Ne me détourne point de ce qu'elle a voulu.

DORINE
Arrêtez.

VALÈRE
Non, vois-tu? c'est un point résolu. 760

DORINE

Ah!

MARIANE

Il souffre à me voir, ma présence le chasse,
Et je ferai bien mieux de lui quitter la place.

DORINE (*Elle quitte Valère et court à Mariane.*)

A l'autre.   Où courez-vous?

MARIANE
Laisse.

DORINE
Il faut revenir.
MARIANE

Non, non, Dorine; en vain tu veux me retenir.

VALÈRE

Je vois bien que ma vue est pour elle un supplice,   765
Et sans doute il vaut mieux que je l'en affranchisse.

DORINE (*Elle quitte Mariane et court à Valère.*)

Encor? Diantre soit fait de vous si je le veux!
Cessez ce badinage, et venez çà tous deux.
(*Elle les tire l'un et l'autre.*)

VALÈRE

Mais quel est ton dessein?

MARIANE
Qu'est-ce que tu veux faire?

DORINE

Vous bien remettre ensemble, et vous tirer d'affaire.   770
Êtes-vous fou d'avoir un pareil démêlé?

VALÈRE
N'as-tu pas entendu comme elle m'a parlé?

DORINE
Êtes-vous folle, vous, de vous être emportée?

MARIANE
N'as-tu pas vu la chose, et comme il m'a traitée?

DORINE
Sottise des deux parts.   Elle n'a d'autre soin 775
Que de se conserver à vous, j'en suis témoin.
Il n'aime que vous seule, et n'a point d'autre envie
Que d'être votre époux; j'en réponds sur ma vie.

MARIANE
Pourquoi donc me donner un semblable conseil?

VALÈRE
Pourquoi m'en demander sur un sujet pareil? 780

DORINE
Vous êtes fous tous deux.   Çà, la main l'un et l'autre.
Allons, vous.

VALÈRE, *en donnant sa main à Dorine*
A quoi bon ma main?

DORINE
      Ah! Çà la vôtre.

MARIANE, *en donnant aussi sa main*
De quoi sert tout cela?

DORINE
     Mon Dieu! vite, avancez.
Vous vous aimez tous deux plus que vous ne pensez.

VALÈRE

Mais ne faites donc point les choses avec peine,   785
Et regardez un peu les gens sans nulle haine.
(*Mariane tourne l'œil sur Valère et fait un petit souris.*)

DORINE

A vous dire le vrai, les amants sont bien fous!

VALÈRE

Ho çà! n'ai-je pas lieu de me plaindre de vous?
Et pour ne point mentir, n'êtes-vous pas méchante
De vous plaire à me dire une chose affligeante?   790

MARIANE

Mais vous, n'êtes-vous pas l'homme le plus ingrat...?

DORINE

Pour une autre saison laissons tout ce débat,
Et songeons à parer ce fâcheux mariage.

MARIANE

Dis-nous donc quels ressorts il faut mettre en usage.

DORINE

Nous en ferons agir de toutes les façons.   795
Votre père se moque, et ce sont des chansons;
Mais pour vous, il vaut mieux qu'à son extravagance
D'un doux consentement vous prêtiez l'apparence,
Afin qu'en cas d'alarme il vous soit plus aisé
De tirer en longueur cet hymen proposé.   800
En attrapant du temps, à tout on remédie.
Tantôt vous payerez de quelque maladie
Qui viendra tout à coup, et voudra des délais;
Tantôt vous payerez de présages mauvais:

Vous aurez fait d'un mort la rencontre fâcheuse, 805
Cassé quelque miroir, ou songé d'eau bourbeuse.
Enfin le bon de tout, c'est qu'à d'autres qu'à lui
On ne peut vous lier, que vous ne disiez «oui».
Mais pour mieux réussir, il est bon, ce me semble,
Qu'on ne vous trouve point tous deux parlant ensemble. 810
Sortez, et sans tarder employez vos amis,
Pour vous faire tenir ce qu'on vous a promis.
Nous allons réveiller les efforts de son frère,
Et dans notre parti jeter la belle-mère.
Adieu.

VALÈRE, *à Mariane*

Quelques efforts que nous préparions tous, 815
Ma plus grande espérance, à vrai dire, est en vous.

MARIANE, *à Valère*

Je ne vous réponds pas des volontés d'un père ;
Mais je ne serai point à d'autre qu'à Valère.

VALÈRE

Que vous me comblez d'aise ! Et quoi que puisse oser...

DORINE

Ah ! jamais les amants ne sont las de jaser. 820
Sortez, vous dis-je.

VALÈRE (*Il fait un pas et revient.*)

Enfin...

DORINE

Quel caquet est le vôtre !
Tirez de cette part ; et vous, tirez de l'autre.
(*Les poussant chacun par l'épaule.*)

ACTE III

SCÈNE PREMIÈRE

DAMIS, DORINE

DAMIS

Que la foudre sur l'heure achève mes destins,
Qu'on me traite partout du plus grand des faquins,
S'il est aucun respect ni pouvoir qui m'arrête, 825
Et si je ne fais pas quelque coup de ma tête!

DORINE

De grâce, modérez un tel emportement:
Votre père n'a fait qu'en parler simplement.
On n'exécute pas tout ce qui se propose,
Et le chemin est long du projet à la chose. 830

DAMIS

Il faut que de ce fat j'arrête les complots,
Et qu'à l'oreille un peu je lui dise deux mots.

DORINE

Ho! tout doux! Envers lui, comme envers votre père,
Laissez agir les soins de votre belle-mère.
Sur l'esprit de Tartuffe elle a quelque crédit; 835
Il se rend complaisant à tout ce qu'elle dit,
Et pourroit bien avoir douceur de cœur pour elle.
Plût à Dieu qu'il fût vrai! la chose seroit belle.

64 LE TARTUFFE

Enfin votre intérêt l'oblige à le mander:
Sur l'hymen qui vous trouble elle veut le sonder, 840
Savoir ses sentiments, et lui faire connaître
Quels fâcheux démêlés il pourra faire naître,
S'il faut qu'à ce dessein il prête quelque espoir.
Son valet dit qu'il prie, et je n'ai pu le voir;
Mais ce valet m'a dit qu'il s'en alloit descendre. 845
Sortez donc, je vous prie, et me laissez l'attendre.

DAMIS

Je puis être présent à tout cet entretien.

DORINE

Point.   Il faut qu'ils soient seuls.

DAMIS

       Je ne lui dirai rien.

DORINE

Vous vous moquez: on sait vos transports ordinaires,
Et c'est le vrai moyen de gâter les affaires. 850
Sortez.

DAMIS

  Non: je veux voir, sans me mettre en courroux.

DORINE

Que vous êtes fâcheux! Il vient.   Retirez-vous.

SCÈNE II

Tartuffe, Laurent, Dorine

TARTUFFE, *apercevant Dorine*

Laurent, serrez ma haire avec ma discipline,
Et priez que toujours le Ciel vous illumine.

Si l'on vient pour me voir, je vais aux prisonniers 855
Des aumônes que j'ai partager les deniers.

DORINE

Que d'affectation et de forfanterie!

TARTUFFE

Que voulez-vous?

DORINE

Vous dire...

TARTUFFE (*Il tire un mouchoir de sa poche.*)

Ah! mon Dieu, je vous prie,
Avant que de parler, prenez-moi ce mouchoir.

DORINE

Comment?

TARTUFFE

Couvrez ce sein que je ne saurois voir: 860
Par de pareils objets les âmes sont blessées,
Et cela fait venir de coupables pensées.

DORINE

Vous êtes donc bien tendre à la tentation,
Et la chair sur vos sens fait grande impression?
Certes, je ne sais pas quelle chaleur vous monte: 865
Mais à convoiter, moi, je ne suis point si prompte,
Et je vous verrois nu du haut jusques en bas,
Que toute votre peau ne me tenteroit pas.

TARTUFFE

Mettez dans vos discours un peu de modestie,
Ou je vais sur-le-champ vous quitter la partie. 870

DORINE

Non, non c'est moi qui vais vous laisser en repos,

Et je n'ai seulement qu'à vous dire deux mots.
Madame va venir dans cette salle basse,
Et d'un mot d'entretien vous demande la grâce.

TARTUFFE

Hélas! très volontiers.

DORINE, *en soi-même*

Comme il se radoucit ! 875
Ma foi, je suis toujours pour ce que j'en ai dit.

TARTUFFE

Viendra-t-elle bientôt ?

DORINE

Je l'entends, ce me semble.
Oui, c'est elle en personne, et je vous laisse ensemble.

SCÈNE III

Elmire, Tartuffe

TARTUFFE

Que le Ciel à jamais par sa toute bonté
Et de l'âme et du corps vous donne la santé, 880
Et bénisse vos jours autant que le désire
Le plus humble de ceux que son amour inspire.

ELMIRE

Je suis fort obligée à ce souhait pieux.
Mais prenons une chaise, afin d'être un peu mieux.

TARTUFFE

Comment de votre mal vous sentez-vous remise ? 885

ELMIRE
Fort bien ; et cette fièvre a bientôt quitté prise.

TARTUFFE
Mes prières n'ont pas le mérite qu'il faut
Pour avoir attiré cette grâce d'en haut;
Mais je n'ai fait au Ciel nulle dévote instance
Qui n'ait eu pour objet votre convalescence. 890

ELMIRE
Votre zèle pour moi s'est trop inquiété.

TARTUFFE
On ne peut trop chérir votre chère santé,
Et pour la rétablir j'aurois donné la mienne.

ELMIRE
C'est pousser bien avant la charité chrétienne,
Et je vous dois beaucoup pour toutes ces bontés. 895

TARTUFFE
Je fais bien moins pour vous que vous ne méritez.

ELMIRE
J'ai voulu vous parler en secret d'une affaire,
Et suis bien aise, ici, qu'aucun ne nous éclaire.

TARTUFFE
J'en suis ravi de même, et sans doute il m'est doux,
Madame, de me voir seul à seul avec vous : 900
C'est une occasion qu'au Ciel j'ai demandée,
Sans que jusqu'à cette heure il me l'ait accordée.

ELMIRE
Pour moi, ce que je veux, c'est un mot d'entretien,
Où tout votre cœur s'ouvre, et ne me cache rien.

TARTUFFE

Et je ne veux aussi pour grâce singulière 905
Que montrer à vos yeux mon âme toute entière,
Et vous faire serment que les bruits que j'ai faits
Des visites qu'ici reçoivent vos attraits
Ne sont pas envers vous l'effet d'aucune haine,
Mais plutôt d'un transport de zèle qui m'entraîne, 910
Et d'un pur mouvement...

ELMIRE

Je le prends bien aussi,
Et crois que mon salut vous donne ce souci.

TARTUFFE (*Il lui serre le bout des doigts.*)

Oui, Madame, sans doute, et ma ferveur est telle...

ELMIRE

Ouf ! vous me serrez trop.

TARTUFFE

C'est par excès de zèle.
De vous faire autre mal je n'eus jamais dessein, 915
Et j'aurois bien plutôt....
  (*Il lui met la main sur le genou.*)

ELMIRE

Que fait là votre main ?

TARTUFFE

Je tâte votre habit : l'étoffe en est moelleuse.

ELMIRE

Ah ! de grâce, laissez, je suis fort chatouilleuse.
 (*Elle recule sa chaise, et Tartuffe rapproche la sienne.*)

TARTUFFE

Mon Dieu! que de ce point l'ouvrage est merveilleux!
On travaille aujourd'hui d'un air miraculeux ;   920
Jamais, en toute chose, on n'a vu si bien faire.

ELMIRE

Il est vrai. Mais parlons un peu de notre affaire.
On tient que mon mari veut dégager sa foi,
Et vous donner sa fille. Est-il vrai, dites-moi?

TARTUFFE

Il m'en a dit deux mots ; mais, Madame, à vrai dire,   925
Ce n'est pas le bonheur après quoi je soupire ;
Et je vois autre part les merveilleux attraits
De la félicité qui fait tous mes souhaits.

ELMIRE

C'est que vous n'aimez rien des choses de la terre.

TARTUFFE

Mon sein n'enferme point un cœur qui soit de pierre. 930

ELMIRE

Pour moi, je crois qu'au ciel tendent tous vos soupirs,
Et que rien ici-bas n'arrête vos désirs.

TARTUFFE

L'amour qui nous attache aux beautés éternelles
N'étouffe pas en nous l'amour des temporelles ;
Nos sens facilement peuvent être charmés   935
Des ouvrages parfaits que le Ciel a formés.
Ses attraits réfléchis brillent dans vos pareilles ;
Mais il étale en vous ses plus rares merveilles :
Il a sur votre face épanché des beautés

Dont les yeux sont surpris, et les cœurs transportés, 940
Et je n'ai pu vous voir, parfaite créature,
Sans admirer en vous l'auteur de la nature,
Et d'une ardente amour sentir mon cœur atteint,
Au plus beau des portraits où lui-même il s'est peint.
D'abord j'appréhendai que cette ardeur secrète 945
Ne fût du noir esprit une surprise adroite ;
Et même à fuir vos yeux mon cœur se résolut,
Vous croyant un obstacle à faire mon salut.
Mais enfin je connus, ô beauté toute aimable,
Que cette passion peut n'être point coupable, 950
Que je puis l'ajuster avecque la pudeur,
Et c'est ce qui m'y fait abandonner mon cœur.
Ce m'est, je le confesse, une audace bien grande
Que d'oser de ce cœur vous adresser l'offrande ;
Mais j'attends en mes vœux tout de votre bonté, 955
Et rien des vains efforts de mon infirmité ;
En vous est mon espoir, mon bien, ma quiétude ;
De vous dépend ma peine ou ma béatitude ;
Et je vais être enfin, par votre seul arrêt,
Heureux, si vous voulez, malheureux, s'il vous plaît. 960

ELMIRE

La déclaration est tout à fait galante,
Mais elle est, à vrai dire, un peu bien surprenante.
Vous deviez, ce me semble, armer mieux votre sein,
Et raisonner un peu sur un pareil dessein.
Un dévot comme vous, et que partout on nomme... 965

TARTUFFE

Ah ! pour être dévot, je n'en suis pas moins homme ;
Et lorsqu'on vient à voir vos célestes appas,
Un cœur se laisse prendre et ne raisonne pas.

ACTE III, SCÈNE III

Je sais qu'un tel discours de moi paroît étrange ;
Mais, Madame, après tout, je ne suis pas un ange ; 970
Et si vous condamnez l'aveu que je vous fais,
Vous devez vous en prendre à vos charmants attraits.
Dès que j'en vis briller la splendeur plus qu'humaine,
De mon intérieur vous fûtes souveraine ;
De vos regards divins l'ineffable douceur 975
Força la résistance où s'obstinoit mon cœur ;
Elle surmonta tout, jeûnes, prières, larmes,
Et tourna tous mes vœux du côté de vos charmes.
Mes yeux et mes soupirs vous l'ont dit mille fois,
Et, pour mieux m'expliquer, j'emploie ici la voix. 980
Que si vous contemplez d'une âme un peu bénigne,
Les tribulations de votre esclave indigne,
S'il faut que vos bontés veuillent me consoler
Et jusqu'à mon néant daignent se ravaler,
J'aurai toujours pour vous, ô suave merveille, 985
Une dévotion à nulle autre pareille.
Votre honneur avec moi ne court point de hasard,
Et n'a nulle disgrâce à craindre de ma part.
Tous ces galants de cour, dont les femmes sont folles,
Sont bruyants dans leurs faits et vains dans leurs paroles,
De leurs progrès sans cesse on les voit se targuer ; 991
Ils n'ont point de faveurs qu'ils n'aillent divulguer ;
Et leur langue indiscrète, en qui l'on se confie,
Déshonore l'autel où leur cœur sacrifie.
Mais les gens comme nous brûlent d'un feu discret, 995
Avec qui, pour toujours, on est sûr du secret.
Le soin que nous prenons de notre renommée
Répond de toute chose à la personne aimée ;
Et c'est en nous qu'on trouve, acceptant notre cœur,
De l'amour sans scandale, et du plaisir sans peur. 1000

ELMIRE

Je vous écoute dire, et votre rhétorique
En termes assez forts à mon âme s'explique.
N'appréhendez-vous point que je ne sois d'humeur
A dire à mon mari cette galante ardeur,
Et que le prompt avis d'un amour de la sorte   1005
Ne pût bien altérer l'amitié qu'il vous porte ?

TARTUFFE

Je sais que vous avez trop de bénignité,
Et que vous ferez grâce à ma témérité,
Que vous m'excuserez sur l'humaine foiblesse
Des violents transports d'un amour qui vous blesse,   1010
Et considérerez, en regardant votre air,
Que l'on n'est pas aveugle, et qu'un homme est de chair.

ELMIRE

D'autres prendroient cela d'autre façon peut-être ;
Mais ma discrétion se veut faire paroître.
Je ne redirai point l'affaire à mon époux ;   1015
Mais je veux en revanche une chose de vous :
C'est de presser tout franc et sans nulle chicane
L'union de Valère avecque Mariane,
De renoncer vous-même à l'injuste pouvoir
Qui veut du bien d'un autre enrichir votre espoir   1020
Et....

SCÈNE IV

Damis, Elmire, Tartuffe

DAMIS, *sortant du petit cabinet où il s'étoit retiré*

Non, Madame, non : ceci doit se répandre.
J'étois en cet endroit, d'où j'ai pu tout entendre ;

ACTE III, SCÈNE IV

Et la bonté du Ciel m'y semble avoir conduit
Pour confondre l'orgueil d'un traître qui me nuit,
Pour m'ouvrir une voie à prendre la vengeance 1025
De son hypocrisie et de son insolence,
A détromper mon père, et lui mettre en plein jour
L'âme d'un scélérat qui vous parle d'amour.

ELMIRE

Non, Damis : il suffit qu'il se rende plus sage,
Et tâche à mériter la grâce où je m'engage. 1030
Puisque je l'ai promis, ne m'en dédites pas.
Ce n'est point mon humeur de faire des éclats :
Une femme se rit de sottises pareilles,
Et jamais d'un mari n'en trouble les oreilles.

DAMIS

Vous avez vos raisons pour en user ainsi, 1035
Et pour faire autrement j'ai les miennes aussi.
Le vouloir épargner est une raillerie ;
Et l'insolent orgueil de sa cagoterie
N'a triomphé que trop de mon juste courroux,
Et que trop excité de désordre chez nous. 1040
Le fourbe, trop longtemps, a gouverné mon père,
Et desservi mes feux avec ceux de Valère.
Il faut que du perfide il soit désabusé,
Et le Ciel pour cela m'offre un moyen aisé.
De cette occasion je lui suis redevable, 1045
Et pour la négliger, elle est trop favorable :
Ce seroit mériter qu'il me la vînt ravir,
Que de l'avoir en main et ne m'en pas servir.

ELMIRE

Damis...

DAMIS

Non, s'il vous plaît, il faut que je me croie.
Mon âme est maintenant au comble de sa joie ; 1050
Et vos discours en vain prétendent m'obliger
A quitter le plaisir de me pouvoir venger.
Sans aller plus avant, je vais vuider d'affaire ;
Et voici justement de quoi me satisfaire.

SCÈNE V

Orgon, Damis, Tartuffe, Elmire

DAMIS

Nous allons régaler, mon père, votre abord 1055
D'un incident tout frais qui vous surprendra fort.
Vous êtes bien payé de toutes vos caresses,
Et Monsieur d'un beau prix reconnoît vos tendresses.
Son grand zèle pour vous vient de se déclarer :
Il ne va pas à moins qu'à vous déshonorer ; 1060
Et je l'ai surpris là qui faisoit à Madame
L'injurieux aveu d'une coupable flamme.
Elle est d'une humeur douce, et son cœur trop discret
Vouloit à toute force en garder le secret ;
Mais je ne puis flatter une telle impudence, 1065
Et crois que vous la taire est vous faire une offense.

ELMIRE

Oui, je tiens que jamais de tous ces vains propos
On ne doit d'un mari traverser le repos,
Que ce n'est point de là que l'honneur peut dépendre,
Et qu'il suffit pour nous de savoir nous défendre : 1070
Ce sont mes sentiments ; et vous n'auriez rien dit,
Damis, si j'avois eu sur vous quelque crédit.

SCÈNE VI

ORGON, DAMIS, TARTUFFE

ORGON

Ce que je viens d'entendre, ô Ciel! est-il croyable?

TARTUFFE

Oui, mon frère, je suis un méchant, un coupable,
Un malheureux pécheur, tout plein d'iniquité, 1075
Le plus grand scélérat qui jamais ait été;
Chaque instant de ma vie est chargé de souillures;
Elle n'est qu'un amas de crimes et d'ordures;
Et je vois que le Ciel, pour ma punition,
Me veut mortifier en cette occasion. 1080
De quelque grand forfait qu'on me puisse reprendre,
Je n'ai garde d'avoir l'orgueil de m'en défendre.
Croyez ce qu'on vous dit, armez votre courroux,
Et comme un criminel chassez-moi de chez vous:
Je ne saurois avoir tant de honte en partage, 1085
Que je n'en aie encor mérité davantage.

ORGON, *à son fils*

Ah! traître, oses-tu bien par cette fausseté,
Vouloir de sa vertu ternir la pureté?

DAMIS

Quoi? la feinte douceur de cette âme hypocrite
Vous fera démentir...?

ORGON

Tais-toi, peste maudite. 1090

TARTUFFE

Ah! laissez-le parler: vous l'accusez à tort,

Et vous ferez bien mieux de croire à son rapport.
Pourquoi sur un tel fait m'être si favorable ?
Savez-vous, après tout, de quoi je suis capable ?
Vous fiez-vous, mon frère, à mon extérieur ? 1095
Et, pour tout ce qu'on voit, me croyez-vous meilleur ?
Non, non : vous vous laissez tromper à l'apparence,
Et je ne suis rien moins, hélas ! que ce qu'on pense ;
Tout le monde me prend pour un homme de bien ;
Mais la vérité pure est que je ne vaux rien. 1100
(*S'adressant à Damis.*)
Oui, mon cher fils, parlez : traitez-moi de perfide,
D'infâme, de perdu, de voleur, d'homicide ;
Accablez-moi de noms encor plus détestés :
Je n'y contredis point, je les ai mérités ;
Et j'en veux à genoux souffrir l'ignominie, 1105
Comme une honte due aux crimes de ma vie.

ORGON
(*A Tartuffe.*)   (*A son fils.*)
Mon frère, c'en est trop.   Ton cœur ne se rend point,
Traître ?

DAMIS
      Quoi ? ses discours vous séduiront au point...

ORGON
Tais-toi, pendard.   Mon frère, eh ! levez-vous, de grâce !
Infâme !

DAMIS
   Il peut...

ORGON
    Tais-toi.

DAMIS
      J'enrage ! Quoi ? je passe.... 1110

ORGON
Si tu dis un seul mot, je te romprai les bras.

TARTUFFE
Mon frère, au nom de Dieu, ne vous emportez pas.
J'aimerois mieux souffrir la peine la plus dure,
Qu'il eût reçu pour moi la moindre égratignure.

ORGON
Ingrat!

TARTUFFE
  Laissez-le en paix. S'il faut, à deux genoux 1115
Vous demander sa grâce....

ORGON, *à Tartuffe*
     Hélas! vous moquez-vous?
Coquin! vois sa bonté.

DAMIS
Donc....

ORGON
Paix.

DAMIS
    Quoi? je....

ORGON
      Paix, dis-je.
Je sais bien quel motif à l'attaquer t'oblige :
Vous le haïssez tous ; et je vois aujourd'hui
Femme, enfants et valets déchaînés contre lui ; 1120
On met impudemment toute chose en usage,
Pour ôter de chez moi ce dévot personnage.
Mais plus on fait d'effort afin de l'en bannir,
Plus j'en veux employer à l'y mieux retenir ;
Et je vais me hâter de lui donner ma fille, 1125
Pour confondre l'orgueil de toute ma famille.

DAMIS
A recevoir sa main on pense l'obliger ?

ORGON
Oui, traître, et dès ce soir, pour vous faire enrager.
Ah ! je vous brave tous, et vous ferai connaître
Qu'il faut qu'on m'obéisse et que je suis le maître.
Allons, qu'on se rétracte, et qu'à l'instant, fripon,
On se jette à ses pieds pour demander pardon.

DAMIS
Qui, moi ? de ce coquin, qui, par ses impostures...

ORGON
Ah ! tu résistes, gueux, et lui dis des injures ?
(A Tartuffe.)
Un bâton ! un bâton ! Ne me retenez pas.
Sus, que de ma maison on sorte de ce pas,
Et que d'y revenir on n'ait jamais l'audace.

DAMIS
Oui, je sortirai ; mais....

ORGON
Vite quittons la place.
Je te prive, pendard, de ma succession,
Et te donne de plus ma malédiction.

SCÈNE VII

Orgon, Tartuffe

ORGON

Offenser de la sorte une sainte personne !

TARTUFFE

O Ciel, pardonne-lui la douleur qu'il me donne.
         (*A Orgon.*)
Si vous pouviez savoir avec quel déplaisir
Je vois qu'envers mon frère on tâche à me noircir....

ORGON

Hélas !

TARTUFFE

   Le seul penser de cette ingratitude   1145
Fait souffrir à mon âme un supplice si rude....
L'horreur que j'en conçois... J'ai le cœur si serré,
Que je ne puis parler, et crois que j'en mourrai.

ORGON

(*Il court tout en larmes à la porte par où il a chassé son fils.*)
Coquin ! je me repens que ma main t'ait fait grâce,
Et ne t'ait pas d'abord assommé sur la place. 1150
Remettez-vous, mon frère, et ne vous fâchez pas.

TARTUFFE

Rompons, rompons le cours de ces fâcheux débats.
Je regarde céans quels grands troubles j'apporte,
Et crois qu'il est besoin, mon frère, que j'en sorte.

ORGON

Comment ? vous moquez-vous ?

TARTUFFE

                      On m'y hait, et je voi 1155
Qu'on cherche à vous donner des soupçons de ma foi.

ORGON

Qu'importe ? Voyez-vous que mon cœur les écoute ?

TARTUFFE

On ne manquera pas de poursuivre, sans doute ;
Et ces mêmes rapports qu'ici vous rejetez
Peut-être une autre fois seront-ils écoutés. 1160

ORGON

Non, mon frère, jamais.

TARTUFFE

                Ah! mon frère, une femme
Aisément d'un mari peut bien surprendre l'âme.

ORGON

Non, non.

TARTUFFE

        Laissez-moi vite, en m'éloignant d'ici,
Leur ôter tout sujet de m'attaquer ainsi.

ORGON

Non, vous demeurerez : il y va de ma vie. 1165

TARTUFFE

Hé bien! il faudra donc que je me mortifie.
Pourtant, si vous vouliez....

ORGON

            Ah!

ACTE III, SCÈNE VII

TARTUFFE

Soit : n'en parlons plus.
Mais je sais comme il faut en user là-dessus.
L'honneur est délicat, et l'amitié m'engage
A prévenir les bruits et les sujets d'ombrage. 1170
Je fuirai votre épouse, et vous ne me verrez....

ORGON

Non, en dépit de tous vous la fréquenterez.
Faire enrager le monde est ma plus grande joie,
Et je veux qu'à toute heure avec elle on vous voie.
Ce n'est pas tout encor : pour les mieux braver tous, 1175
Je ne veux point avoir d'autre héritier que vous,
Et je vais de ce pas, en fort bonne manière,
Vous faire de mon bien donation entière.
Un bon et franc ami, que pour gendre je prends,
M'est bien plus cher que fils, que femme et que parents.
N'acceptez-vous pas ce que je vous propose ? 1181

TARTUFFE

La volonté du Ciel soit faite en toute chose.

ORGON

Le pauvre homme ! Allons vite en dresser un écrit,
Et que puisse l'envie en crever de dépit !

ACTE IV

SCÈNE PREMIÈRE
Cléante, Tartuffe

CLÉANTE

Oui, tout le monde en parle, et vous m'en pouvez croire. 1185
L'éclat que fait ce bruit n'est point à votre gloire ;
Et je vous ai trouvé, Monsieur, fort à propos,
Pour vous en dire net ma pensée en deux mots.
Je n'examine point à fond ce qu'on expose ;
Je passe là-dessus, et prends au pis la chose. 1190
Supposons que Damis n'en ait pas bien usé,
Et que ce soit à tort qu'on vous ait accusé :
N'est-il pas d'un chrétien de pardonner l'offense,
Et d'éteindre en son cœur tout désir de vengeance ?
Et devez-vous souffrir, pour votre démêlé, 1195
Que du logis d'un père un fils soit exilé ?
Je vous le dis encore, et parle avec franchise,
Il n'est petit ni grand qui ne s'en scandalise ;
Et si vous m'en croyez, vous pacifierez tout,
Et ne pousserez point les affaires à bout. 1200
Sacrifiez à Dieu toute votre colère,
Et remettez le fils en grâce avec le père.

TARTUFFE

Hélas ! je le voudrois, quant à moi, de bon cœur ;
Je ne garde pour lui, Monsieur, aucune aigreur ;

Je lui pardonne tout, de rien je ne le blâme, 1205
Et voudrois le servir du meilleur de mon âme;
Mais l'intérêt du Ciel n'y sauroit consentir,
Et s'il rentre céans, c'est à moi d'en sortir.
Après son action, qui n'eut jamais d'égale,
Le commerce entre nous porteroit du scandale : 1210
Dieu sait ce que d'abord tout le monde en croiroit !
A pure politique on me l'imputeroit;
Et l'on diroit partout que, me sentant coupable,
Je feins pour qui m'accuse un zèle charitable,
Que mon cœur l'appréhende et veut le ménager, 1215
Pour le pouvoir sous main au silence engager.

CLÉANTE

Vous nous payez ici d'excuses colorées,
Et toutes vos raisons, Monsieur, sont trop tirées.
Des intérêts du Ciel pourquoi vous chargez-vous ?
Pour punir le coupable a-t-il besoin de nous ? 1220
Laissez-lui, laissez-lui le soin de ses vengeances;
Ne songez qu'au pardon qu'il prescrit des offenses;
Et ne regardez point aux jugements humains,
Quand vous suivez du Ciel les ordres souverains.
Quoi ? le foible intérêt de ce qu'on pourra croire 1225
D'une bonne action empêchera la gloire ?
Non, non : faisons toujours ce que le Ciel prescrit,
Et d'aucun autre soin ne nous brouillons l'esprit.

TARTUFFE

Je vous ai déjà dit que mon cœur lui pardonne,
Et c'est faire, Monsieur, ce que le Ciel ordonne; 1230
Mais après le scandale et l'affront d'aujourd'hui,
Le Ciel n'ordonne pas que je vive avec lui.

CLÉANTE

Et vous ordonne-t-il, Monsieur, d'ouvrir l'oreille
A ce qu'un pur caprice à son père conseille,
Et d'accepter le don qui vous est fait d'un bien 1235
Où le droit vous oblige à ne prétendre rien?

TARTUFFE

Ceux qui me connoîtront n'auront pas la pensée
Que ce soit un effet d'une âme intéressée.
Tous les biens de ce monde ont pour moi peu d'appas,
De leur éclat trompeur je ne m'éblouis pas; 1240
Et si je me résous à recevoir du père
Cette donation qu'il a voulu me faire,
Ce n'est, à dire vrai, que parce que je crains
Que tout ce bien ne tombe en de méchantes mains;
Qu'il ne trouve des gens qui, l'ayant en partage, 1245
En fassent dans le monde un criminel usage,
Et ne s'en servent pas, ainsi que j'ai dessein,
Pour la gloire du Ciel et le bien du prochain.

CLÉANTE

Hé, Monsieur, n'ayez point ces délicates craintes,
Qui d'un juste héritier peuvent causer les plaintes; 1250
Souffrez, sans vous vouloir embarrasser de rien,
Qu'il soit à ses périls possesseur de son bien;
Et songez qu'il vaut mieux encor qu'il en mésuse,
Que si de l'en frustrer il faut qu'on vous accuse.
J'admire seulement que sans confusion 1255
Vous en ayez souffert la proposition;
Car enfin le vrai zèle a-t-il quelque maxime
Qui montre à dépouiller l'héritier légitime?
Et s'il faut que le Ciel dans votre cœur ait mis
Un invincible obstacle à vivre avec Damis, 1260

Ne vaudroit-il pas mieux qu'en personne discrète
Vous fissiez de céans une honnête retraite,
Que de souffrir ainsi, contre toute raison,
Qu'on en chasse pour vous le fils de la maison?
Croyez-moi, c'est donner de votre prud'homie, 1265
Monsieur...
TARTUFFE
Il est, Monsieur, trois heures et demie :
Certain devoir pieux me demande là-haut,
Et vous m'excuserez de vous quitter sitôt.
CLÉANTE
Ah!

SCÈNE II
ELMIRE, MARIANE, DORINE, CLÉANTE
DORINE
De grâce, avec nous employez-vous pour elle,
Monsieur: son âme souffre une douleur mortelle ; 1270
Et l'accord que son père a conclu pour ce soir
La fait, à tous moments, entrer en désespoir.
Il va venir. Joignons nos efforts, je vous prie,
Et tâchons d'ébranler, de force ou d'industrie,
Ce malheureux dessein qui nous a tous troublés. 1275

SCÈNE III
ORGON, ELMIRE, MARIANE, CLÉANTE, DORINE
ORGON
Ha! je me réjouis de vous voir assemblés:
(*A Mariane.*)
Je porte en ce contrat de quoi vous faire rire,
Et vous savez déjà ce que cela veut dire.

MARIANE, *à genoux*

Mon père, au nom du Ciel, qui connoît ma douleur,
Et par tout ce qui peut émouvoir votre cœur, 1280
Relâchez-vous un peu des droits de la naissance,
Et dispensez mes vœux de cette obéissance ;
Ne me réduisez point, par cette dure loi,
Jusqu'à me plaindre au Ciel de ce que je vous doi,
Et cette vie, hélas! que vous m'avez donnée, 1285
Ne me la rendez pas, mon père, infortunée.
Si, contre un doux espoir que j'avois pu former,
Vous me défendez d'être à ce que j'ose aimer,
Au moins, par vos bontés, qu'à vos genoux j'implore,
Sauvez-moi du tourment d'être à ce que j'abhorre, 1290
Et ne me portez point à quelque désespoir,
En vous servant sur moi de tout votre pouvoir.

ORGON, *se sentant attendrir*

Allons, ferme, mon cœur, point de foiblesse humaine.

MARIANE

Vos tendresses pour lui ne me font point de peine ;
Faites-les éclater, donnez-lui votre bien, 1295
Et, si ce n'est assez, joignez-y tout le mien :
J'y consens de bon cœur, et je vous l'abandonne ;
Mais au moins n'allez pas jusques à ma personne,
Et souffrez qu'un convent dans les austérités
Use les tristes jours que le Ciel m'a comptés. 1300

ORGON

Ah! voilà justement de mes religieuses,
Lorsqu'un père combat leurs flammes amoureuses!
Debout! Plus votre cœur répugne à l'accepter,

ACTE IV, SCÈNE III

Plus ce sera pour vous matière à mériter:
Mortifiez vos sens avec ce mariage, 1305
Et ne me rompez pas la tête davantage.

DORINE

Mais quoi....?

ORGON

Taisez-vous, vous; parlez à votre écot:
Je vous défends tout net d'oser dire un seul mot.

CLÉANTE

Si par quelque conseil vous souffrez qu'on réponde....

ORGON

Mon frère, vos conseils sont les meilleurs du monde, 1310
Ils sont bien raisonnés, et j'en fais un grand cas;
Mais vous trouverez bon que je n'en use pas.

ELMIRE, *à son mari*

A voir ce que je vois, je ne sais plus que dire,
Et votre aveuglement fait que je vous admire:
C'est être bien coiffé, bien prévenu de lui, 1315
Que de nous démentir sur le fait d'aujourd'hui.

ORGON

Je suis votre valet, et crois les apparences:
Pour mon fripon de fils je sais vos complaisances,
Et vous avez eu peur de le désavouer
Du trait qu'à ce pauvre homme il a voulu jouer; 1320
Vous étiez trop tranquille enfin pour être crue,
Et vous auriez paru d'autre manière émue.

ELMIRE

Est-ce qu'au simple aveu d'un amoureux transport

Il faut que notre honneur se gendarme si fort?
Et ne peut-on répondre à tout ce qui le touche   1325
Que le feu dans les yeux et l'injure à la bouche?
Pour moi, de tels propos je me ris simplement,
Et l'éclat là-dessus ne me plaît nullement;
J'aime qu'avec douceur nous nous montrions sages,
Et ne suis point du tout pour ces prudes sauvages   1330
Dont l'honneur est armé de griffes et de dents,
Et veut au moindre mot dévisager les gens:
Me préserve le Ciel d'une telle sagesse!
Je veux une vertu qui ne soit point diablesse,
Et crois que d'un refus la discrète froideur   1335
N'en est pas moins puissante à rebuter un cœur.

ORGON

Enfin je sais l'affaire et ne prends point le change.

ELMIRE

J'admire, encore un coup, cette foiblesse étrange.
Mais que me répondroit votre incrédulité,
Si je vous faisois voir qu'on vous dit vérité?   1340

ORGON

Voir?

ELMIRE

Oui.

ORGON

Chansons.

ELMIRE

Mais quoi? si je trouvois manière
De vous le faire voir avec pleine lumière?

ORGON

Contes en l'air.

ELMIRE

          Quel homme! Au moins répondez-moi.
Je ne vous parle pas de nous ajouter foi;
Mais supposons ici que, d'un lieu qu'on peut prendre, 1345
On vous fît clairement tout voir et tout entendre,
Que diriez-vous alors de votre homme de bien?

ORGON

En ce cas, je dirois que.... Je ne dirois rien,
Car cela ne se peut.

ELMIRE

          L'erreur trop longtemps dure,
Et c'est trop condamner ma bouche d'imposture. 1350
Il faut que par plaisir, et sans aller plus loin,
De tout ce qu'on vous dit je vous fasse témoin.

ORGON

Soit: je vous prends au mot.   Nous verrons votre adresse,
Et comment vous pourrez remplir cette promesse.

ELMIRE

Faites-le-moi venir.

DORINE

          Son esprit est rusé, 1355
Et peut-être à surprendre il sera malaisé.

ELMIRE

Non: on est aisément dupé par ce qu'on aime,
Et l'amour-propre engage à se tromper soi-même.
          (Parlant à Cléante et à Mariane.)
Faites-le-moi descendre.   Et vous, retirez-vous.

SCÈNE IV

Elmire, Orgon

ELMIRE

Approchons cette table, et vous mettez dessous. 1360

ORGON

Comment?

ELMIRE

Vous bien cacher est un point nécessaire.

ORGON

Pourquoi sous cette table?

ELMIRE

Ah! mon Dieu! laissez faire:
J'ai mon dessein en tête, et vous en jugerez.
Mettez-vous là, vous dis-je; et quand vous y serez,
Gardez qu'on ne vous voie et qu'on ne vous entende. 1365

ORGON

Je confesse qu'ici ma complaisance est grande;
Mais de votre entreprise il vous faut voir sortir.

ELMIRE

Vous n'aurez, que je crois, rien à me repartir.
(*A son mari qui est sous la table.*)
Au moins, je vais toucher une étrange matière:
Ne vous scandalisez en aucune manière. 1370
Quoi que je puisse dire, il doit m'être permis,
Et c'est pour vous convaincre, ainsi que j'ai promis.
Je vais par des douceurs, puisque j'y suis réduite,
Faire poser le masque à cette âme hypocrite,
Flatter de son amour les désirs effrontés, 1375

Et donner un champ libre à ses témérités.
Comme c'est pour vous seul, et pour mieux le confondre,
Que mon âme à ses vœux va feindre de répondre,
J'aurai lieu de cesser dès que vous vous rendrez,
Et les choses n'iront que jusqu'où vous voudrez.   1380
C'est à vous d'arrêter son ardeur insensée,
Quand vous croirez l'affaire assez avant poussée,
D'épargner votre femme, et de ne m'exposer
Qu'à ce qu'il vous faudra pour vous désabuser.
Ce sont vos intérêts; vous en serez le maître,   1385
Et... L'on vient. Tenez-vous, et gardez de paraître.

SCÈNE V

TARTUFFE, ELMIRE, ORGON

TARTUFFE

On m'a dit qu'en ce lieu vous me vouliez parler.

ELMIRE

Oui. L'on a des secrets à vous y révéler.
Mais tirez cette porte avant qu'on vous les dise,
Et regardez partout de crainte de surprise.   1390
Une affaire pareille à celle de tantôt
N'est pas assurément ici ce qu'il nous faut.
Jamais il ne s'est vu de surprise de même;
Damis m'a fait pour vous une frayeur extrême,
Et vous avez bien vu que j'ai fait mes efforts   1395
Pour rompre son dessein et calmer ses transports.
Mon trouble, il est bien vrai, m'a si fort possédée,
Que de le démentir je n'ai point eu l'idée;
Mais par là, grâce au Ciel, tout a bien mieux été,
Et les choses en sont dans plus de sûreté.   1400

L'estime où l'on vous tient a dissipé l'orage,
Et mon mari de vous ne peut prendre d'ombrage.
Pour mieux braver l'éclat des mauvais jugements,
Il veut que nous soyons ensemble à tous moments ;
Et c'est par où je puis, sans peur d'être blâmée, 1405
Me trouver ici seule avec vous enfermée,
Et ce qui m'autorise à vous ouvrir mon cœur
Un peu trop prompt peut-être à souffrir votre ardeur.

TARTUFFE

Ce langage à comprendre est assez difficile,
Madame, et vous parliez tantôt d'un autre style. 1410

ELMIRE

Ah ! si d'un tel refus vous êtes en courroux,
Que le cœur d'une femme est mal connu de vous !
Et que vous savez peu ce qu'il veut faire entendre
Lorsque si foiblement on le voit se défendre !
Toujours notre pudeur combat dans ces moments 1415
Ce qu'on peut nous donner de tendres sentiments.
Quelque raison qu'on trouve à l'amour qui nous dompte,
On trouve à l'avouer toujours un peu de honte ;
On s'en défend d'abord ; mais de l'air qu'on s'y prend,
On fait connaître assez que notre cœur se rend, 1420
Qu'à nos vœux par honneur notre bouche s'oppose,
Et que de tels refus promettent toute chose.
C'est vous faire sans doute un assez libre aveu,
Et sur notre pudeur me ménager bien peu ;
Mais puisque la parole enfin en est lâchée, 1425
A retenir Damis me serois-je attachée,
Aurois-je, je vous prie, avec tant de douceur
Écouté tout au long l'offre de votre cœur,
Aurois-je pris la chose ainsi qu'on m'a vu faire,

ACTE IV, SCÈNE V

Si l'offre de ce cœur n'eût eu de quoi me plaire ? 1430
Et lorsque j'ai voulu moi-même vous forcer
A refuser l'hymen qu'on venoit d'annoncer,
Qu'est-ce que cette instance a dû vous faire entendre,
Que l'intérêt qu'en vous on s'avise de prendre,
Et l'ennui qu'on aurait que ce nœud qu'on résout 1435
Vînt partager du moins un cœur que l'on veut tout ?

TARTUFFE

C'est sans doute, Madame, une douceur extrême
Que d'entendre ces mots d'une bouche qu'on aime:
Leur miel dans tous mes sens fait couler à longs traits
Une suavité qu'on ne goûta jamais. 1440
Le bonheur de vous plaire est ma suprême étude,
Et mon cœur de vos vœux fait sa béatitude ;
Mais ce cœur vous demande ici la liberté
D'oser douter un peu de sa félicité.
Je puis croire ces mots un artifice honnête 1445
Pour m'obliger à rompre un hymen qui s'apprête ;
Et s'il faut librement m'expliquer avec vous,
Je ne me fierai point à des propos si doux,
Qu'un peu de vos faveurs, après quoi je soupire,
Ne vienne m'assurer tout ce qu'ils m'ont pu dire, 1450
Et planter dans mon âme une constante foi
Des charmantes bontés que vous avez pour moi.

ELMIRE (*Elle tousse pour avertir son mari.*)

Quoi ? vous voulez aller avec cette vitesse,
Et d'un cœur tout d'abord épuiser la tendresse ?
On se tue à vous faire un aveu des plus doux ; 1455
Cependant ce n'est pas encore assez pour vous,
Et l'on ne peut aller jusqu'à vous satisfaire,
Qu'aux dernières faveurs on ne pousse l'affaire ?

TARTUFFE

Moins on mérite un bien, moins on l'ose espérer.
Nos vœux sur des discours ont peine à s'assurer. 1460
On soupçonne aisément un sort tout plein de gloire,
Et l'on veut en jouir avant que de le croire.
Pour moi, qui crois si peu mériter vos bontés,
Je doute du bonheur de mes témérités ;
Et je ne croirai rien, que vous n'ayez, Madame, 1465
Par des réalités su convaincre ma flamme.

ELMIRE

Mon Dieu, que votre amour en vrai tyran agit,
Et qu'en un trouble étrange il me jette l'esprit !
Que sur les cœurs il prend un furieux empire,
Et qu'avec violence il veut ce qu'il désire ! 1470
Quoi ? de votre poursuite on ne peut se parer,
Et vous ne donnez pas le temps de respirer ?
Sied-il bien de tenir une rigueur si grande,
De vouloir sans quartier les choses qu'on demande,
Et d'abuser ainsi par vos efforts pressants 1475
Du foible que pour vous vous voyez qu'ont les gens ?

TARTUFFE

Mais si d'un œil bénin vous voyez mes hommages,
Pourquoi m'en refuser d'assurés témoignages ?

ELMIRE

Mais comment consentir à ce que vous voulez,
Sans offenser le Ciel, dont toujours vous parlez ? 1480

TARTUFFE

Si ce n'est que le Ciel qu'à mes vœux on oppose,
Lever un tel obstacle est à moi peu de chose,
Et cela ne doit pas retenir votre cœur.

ELMIRE

Mais des arrêts du Ciel on nous fait tant de peur!

TARTUFFE

Je puis vous dissiper ces craintes ridicules, 1485
Madame, et je sais l'art de lever les scrupules.
Le Ciel défend, de vrai, certains contentements;
   (*C'est un scélérat qui parle.*)
Mais on trouve avec lui des accommodements;
Selon divers besoins, il est une science
D'étendre les liens de notre conscience, 1490
Et de rectifier le mal de l'action
Avec la pureté de notre intention.
De ces secrets, Madame, on saura vous instruire;
Vous n'avez seulement qu'à vous laisser conduire.
Contentez mon désir, et n'ayez point d'effroi: 1495
Je vous réponds de tout, et prends le mal sur moi.
Vous toussez fort, Madame.

ELMIRE
    Oui, je suis au supplice.

TARTUFFE

Vous plaît-il un morceau de ce jus de réglisse?

ELMIRE

C'est un rhume obstiné, sans doute; et je vois bien
Que tous les jus du monde ici ne feront rien. 1500

TARTUFFE

Cela certe est fâcheux.

ELMIRE
    Oui, plus qu'on ne peut dire.

TARTUFFE

Enfin votre scrupule est facile à détruire :
Vous êtes assurée ici d'un plein secret,
Et le mal n'est jamais que dans l'éclat qu'on fait ;
Le scandale du monde est ce qui fait l'offense, 1505
Et ce n'est pas pécher que pécher en silence.

ELMIRE, *après avoir encore toussé*

Enfin je vois qu'il faut se résoudre à céder,
Qu'il faut que je consente à vous tout accorder,
Et qu'à moins de cela je ne dois point prétendre
Qu'on puisse être content, et qu'on veuille se rendre. 1510
Sans doute il est fâcheux d'en venir jusque-là,
Et c'est bien malgré moi que je franchis cela ;
Mais puisque l'on s'obstine à m'y vouloir réduire,
Puisqu'on ne veut point croire à tout ce qu'on peut dire,
Et qu'on veut des témoins qui soient plus convaincants,
Il faut bien s'y résoudre, et contenter les gens. 1516
Si ce consentement porte en soi quelque offense,
Tant pis pour qui me force à cette violence ;
La faute assurément n'en doit pas être à moi.

TARTUFFE

Oui, Madame, on s'en charge, et la chose de soi.... 1520

ELMIRE

Ouvrez un peu la porte, et voyez, je vous prie,
Si mon mari n'est point dans cette galerie.

TARTUFFE

Qu'est-il besoin pour lui du soin que vous prenez ?
C'est un homme, entre nous, à mener par le nez ;
De tous nos entretiens il est pour faire gloire, 1525
Et je l'ai mis au point de voir tout sans rien croire.

ELMIRE

Il n'importe: sortez, je vous prie, un moment,
Et partout là dehors voyez exactement.

SCÈNE VI

Orgon, Elmire

ORGON, *sortant de dessous la table*

Voilà, je vous l'avoue, un abominable homme!
Je n'en puis revenir, et tout ceci m'assomme.   1530

ELMIRE

Quoi? vous sortez sitôt? vous vous moquez des gens.
Rentrez sous le tapis, il n'est pas encor temps;
Attendez jusqu'au bout pour voir les choses sûres,
Et ne vous fiez point aux simples conjectures.

ORGON

Non, rien de plus méchant n'est sorti de l'enfer.   1535

ELMIRE

Mon Dieu! l'on ne doit point croire trop de léger.
Laissez-vous bien convaincre avant que de vous rendre,
Et ne vous hâtez point, de peur de vous méprendre.
(*Elle fait mettre son mari derrière elle.*)

SCÈNE VII

Tartuffe, Elmire, Orgon

TARTUFFE

Tout conspire, Madame, à mon contentement:
J'ai visité de l'œil tout cet appartement;   1540
Personne ne s'y trouve; et mon âme ravie...

ORGON, *en l'arrêtant.*

Tout doux! vous suivez trop votre amoureuse envie,
Et vous ne devez pas vous tant passionner.
Ah! ah! l'homme de bien, vous m'en voulez donner!
Comme aux tentations s'abandonne votre âme! 1545
Vons épousiez ma fille, et convoitiez ma femme!
J'ai douté fort longtemps que ce fût tout de bon,
Et je croyois toujours qu'on changeroit de ton;
Mais c'est assez avant pousser le témoignage :
Je m'y tiens, et n'en veux, pour moi, pas davantage. 1550

ELMIRE, *à Tartuffe*

C'est contre mon humeur que j'ai fait tout ceci :
Mais on m'a mise au point de vous traiter ainsi.

TARTUFFE

Quoi? vous croyez...?

ORGON

Allons, point de bruit, je vous prie.
Dénichons de céans, et sans cérémonie.

TARTUFFE

Mon dessein....

ORGON

Ces discours ne sont plus de saison :
Il faut, tout sur-le-champ, sortir de la maison. 1556

TARTUFFE

C'est à vous d'en sortir, vous qui parlez en maître :
La maison m'appartient, je le ferai connaître,
Et vous montrerai bien qu'en vain on a recours,
Pour me chercher querelle, à ces lâches détours, 1560
Qu'on n'est pas où l'on pense en me faisant injure,
Que j'ai de quoi confondre et punir l'imposture,

Venger le Ciel qu'on blesse, et faire repentir
Ceux qui parlent ici de me faire sortir.

SCÈNE VIII
ELMIRE, ORGON

ELMIRE
Quel est donc ce langage ? et qu'est-ce qu'il veut dire ?

ORGON
Ma foi, je suis confus, et n'ai pas lieu de rire. 1566

ELMIRE
Comment ?

ORGON
   Je vois ma faute aux choses qu'il me dit,
Et la donation m'embarrasse l'esprit.

ELMIRE
La donation...

ORGON
   Oui, c'est une affaire faite.
Mais j'ai quelque autre chose encor qui m'inquiète. 1570

ELMIRE
Et quoi ?

ORGON
  Vous saurez tout. Mais voyons au plus tôt
Si certaine cassette est encore là-haut.

ACTE V

SCÈNE PREMIÈRE
Orgon, Cléante

CLÉANTE
Où voulez-vous courir ?

ORGON
Las ! que sais-je ?

CLÉANTE
Il me semble
Que l'on doit commencer par consulter ensemble
Les choses qu'on peut faire en cet événement. 1575

ORGON
Cette cassette-là me trouble entièrement ;
Plus que le reste encore elle me désespère.

CLÉANTE
Cette cassette est donc un important mystère ?

ORGON
C'est un dépôt qu'Argas, cet ami que je plains,
Lui-même, en grand secret, m'a mis entre les mains : 1580
Pour cela, dans sa fuite, il me voulut élire ;
Et ce sont des papiers, à ce qu'il m'a pu dire,
Où sa vie et ses biens se trouvent attachés.

CLÉANTE
Pourquoi donc les avoir en d'autres mains lâchés ?

ORGON

Ce fut par un motif de cas de conscience: 1585
J'allai droit à mon traître en faire confidence;
Et son raisonnement me vint persuader
De lui donner plutôt la Casette à garder,
Afin que, pour nier, en cas de quelque enquête,
J'eusse d'un faux-fuyant la faveur toute prête, 1590
Par où ma conscience eût pleine sûreté
A faire des serments contre la vérité.

CLÉANTE

Vous voilà mal, au moins si j'en crois l'apparence;
Et la donation, et cette confidence,
Sont, à vous en parler selon mon sentiment, 1595
Des démarches par vous faites légèrement.
On peut vous mener loin avec de pareils gages;
Et cet homme sur vous ayant ces avantages,
Le pousser est encor grande imprudence à vous,
Et vous deviez chercher quelque biais plus doux. 1600

ORGON

Quoi? sous un beau semblant de ferveur si touchante
Cacher un cœur si double, une âme si méchante!
Et moi qui l'ai reçu gueusant et n'ayant rien...
C'en est fait, je renonce à tous les gens de bien:
J'en aurai désormais une horreur effroyable, 1605
Et m'en vais devenir pour eux pire qu'un diable.

CLÉANTE

Hé bien! ne voilà pas de vos emportements!
Vous ne gardez en rien les doux tempéraments;
Dans la droite raison jamais n'entre la vôtre,
Et toujours d'un excès vous vous jetez dans l'autre. 1610

Vous voyez votre erreur, et vous avez connu
Que par un zèle feint vous étiez prévenu ;
Mais pour vous corriger, quelle raison demande
Que vous alliez passer dans une erreur plus grande,
Et qu'avecque le cœur d'un perfide vaurien   1615
Vous confondiez les cœurs de tous les gens de bien ?
Quoi ? parce qu'un fripon vous dupe avec audace
Sous le pompeux éclat d'une austère grimace,
Vous voulez que partout on soit fait comme lui,
Et qu'aucun vrai dévot ne se trouve aujourd'hui ?   1620
Laissez aux libertins ces sottes conséquences ;
Démêlez la vertu d'avec ses apparences,
Ne hasardez jamais votre estime trop tôt,
Et soyez pour cela dans le milieu qu'il faut :
Gardez-vous, s'il se peut, d'honorer l'imposture,   1625
Mais au vrai zèle aussi n'allez pas faire injure ;
Et s'il vous faut tomber dans une extrémité,
Péchez plutôt encor de cet autre côté.

SCÈNE II

Damis, Orgon, Cléante

DAMIS

Quoi ? mon père, est-il vrai qu'un coquin vous menace ?
Qu'il n'est point de bienfait qu'en son âme il n'efface,
Et que son lâche orgueil, trop digne de courroux,   1631
Se fait de vos bontés des armes contre vous ?

ORGON

Oui, mon fils, et j'en sens des douleurs nonpareilles.

DAMIS

Laissez-moi, je lui veux couper les deux oreilles :
Contre son insolence on ne doit pas gauchir ; 1635
C'est à moi, tout d'un coup, de vous en affranchir,
Et pour sortir d'affaire, il faut que je l'assomme.

CLÉANTE

Voila tout justement parler en vrai jeune homme.
Modérez, s'il vous plaît, ces transports éclatants :
Nous vivons sous un règne et sommes dans un temps 1640
Où par la violence on fait mal ses affaires.

SCÈNE III

Madame Pernelle, Mariane, Elmire, Dorine, Damis,
Orgon, Cléante

MADAME PERNELLE

Qu'est-ce ? J'apprends ici de terribles mystères.

ORGON

Ce sont des nouveautés dont mes yeux sont témoins,
Et vous voyez le prix dont sont payés mes soins.
Je recueille avec zèle un homme en sa misère, 1645
Je le loge, et le tiens comme mon propre frère ;
De bienfaits chaque jour il est par moi chargé ;
Je lui donne ma fille et tout le bien que j'ai ;
Et, dans le même temps, le perfide, l'infâme,
Tente le noir dessein de suborner ma femme, 1650
Et non content encor de ces lâches essais,
Il m'ose menacer de mes propres bienfaits,
Et veut, à ma ruine, user des avantages

Dont le viennent d'armer mes bontés trop peu sages,
Me chasser de mes biens, où je l'ai transféré, 1655
Et me réduire au point d'où je l'ai retiré.

DORINE

Le pauvre homme !

MADAME PERNELLE

Mon fils, je ne puis du tout croire
Qu'il ait voulu commettre une action si noire.

ORGON

Comment ?

MADAME PERNELLE

Les gens de biens sont enviés toujours.

ORGON

Que voulez-vous donc dire avec votre discours, 1660
Ma mère ?

MADAME PERNELLE

Que chez vous on vit d'étrange sorte,
Et qu'on ne sait que trop la haine qu'on lui porte.

ORGON

Qu'a cette haine à faire avec ce qu'on vous dit ?

MADAME PERNELLE

Je vous l'ai dit cent fois quand vous étiez petit ;
La vertu dans le monde est toujours poursuivie ; 1665
Les envieux mourront, mais non jamais l'envie.

ORGON

Mais que fait ce discours aux choses d'aujourd'hui ?

MADAME PERNELLE

On vous aura forgé cent sots contes de lui.

ORGON
Je vous ai dit déjà que j'ai vu tout moi-même.

MADAME PERNELLE
Des esprits médisants la malice est extrême. 1670

ORGON
Vous me feriez damner, ma mère. Je vous di
Que j'ai vu de mes yeux un crime si hardi.

MADAME PERNELLE
Les langues ont toujours du venin à répandre,
Et rien n'est ici-bas qui s'en puisse défendre.

ORGON
C'est tenir un propos de sens bien dépourvu. 1675
Je l'ai vu, dis-je, vu, de mes propres yeux vu,
Ce qu'on appelle vu : faut-il vous le rebattre
Aux oreilles cent fois, et crier comme quatre ?

MADAME PERNELLE
Mon Dieu, le plus souvent l'apparence déçoit :
Il ne faut pas toujours juger sur ce qu'on voit. 1680

ORGON
J'enrage.
MADAME PERNELLE
    Aux faux soupçons la nature est sujette.
Et c'est souvent à mal que le bien s'interprète.

ORGON
Je dois interpréter à charitable soin
Le désir d'embrasser ma femme ?

MADAME PERNELLE
                  Il est besoin,

Pour accuser les gens, d'avoir de justes causes ; 1685
Et vous deviez attendre à vous voir sûr des choses.

ORGON

Hé, diantre ! le moyen de m'en assurer mieux ?
Je devois donc, ma mère, attendre qu'à mes yeux
Il eût... Vous me feriez dire quelque sottise.

MADAME PERNELLE

Enfin d'un trop pur zèle on voit son âme éprise ; 1690
Et je ne puis du tout me mettre dans l'esprit
Qu'il ait voulu tenter les choses que l'on dit.

ORGON

Allez, je ne sais pas, si vous n'étiez ma mère,
Ce que je vous dirois, tant je suis en colère.

DORINE

Juste retour, Monsieur, des choses d'ici-bas : 1695
Vous ne vouliez point croire, et l'on ne vous croit pas.

CLÉANTE

Nous perdons des moments en bagatelles pures,
Qu'il faudroit employer à prendre des mesures.
Aux menaces du fourbe on doit ne dormir point.

DAMIS

Quoi ? son effronterie iroit jusqu'à ce point ? 1700

ELMIRE

Pour moi, je ne crois pas cette instance possible,
Et son ingratitude est ici trop visible.

CLÉANTE

Ne vous y fiez pas ; il aura des ressorts

Pour donner contre vous raison à ses efforts ;
Et sur moins que cela, le poids d'une cabale 1705
Embarrasse les gens dans un fâcheux dédale.
Je vous le dis encore : armé de ce qu'il a,
Vous ne deviez jamais le pousser jusque-là.

ORGON

Il est vrai ; mais qu'y faire ? A l'orgueil de ce traître
De mes ressentiments je n'ai pas été maître. 1710

CLÉANTE

Je voudrois, de bon cœur, qu'on pût entre vous deux
De quelque ombre de paix raccommoder les nœuds.

ELMIRE

Si j'avois su qu'en main il a de telles armes,
Je n'aurois pas donné matière à tant d'alarmes,
Et mes...

ORGON

   Que veut cet homme? Allez tôt le savoir. 1715
Je suis bien en état que l'on me vienne voir !

SCÈNE IV

Monsieur Loyal, Madame Pernelle, Orgon, Damis,
Mariane, Dorine, Elmire, Cléante

MONSIEUR LOYAL

Bonjour, ma chère sœur ; faites, je vous supplie,
Que je parle à Monsieur.

DORINE

   Il est en compagnie,
Et je doute qu'il puisse à présent voir quelqu'un.

MONSIEUR LOYAL

Je ne suis pas pour être en ces lieux importun. 1720
Mon abord n'aura rien, je crois, qui lui déplaise ;
Et je viens pour un fait dont il sera bien aise.

DORINE

Votre nom ?

MONSIEUR LOYAL

Dites-lui seulement que je vien
De la part de Monsieur Tartuffe, pour son bien.

DORINE

C'est un homme qui vient, avec douce manière, 1725
De la part de Monsieur Tartuffe, pour affaire
Dont vous serez, dit-il, bien aise.

CLÉANTE

Il vous faut voir
Ce que c'est que cet homme, et ce qu'il peut vouloir.

ORGON

Pour nous raccommoder il vient ici peut-être :
Quels sentiments aurai-je à lui faire paroître ? 1730

CLÉANTE

Votre ressentiment ne doit point éclater ;
Et s'il parle d'accord, il le faut écouter.

MONSIEUR LOYAL

Salut, Monsieur. Le Ciel perde qui vous veut nuire,
Et vous soit favorable autant que je désire !

ORGON

Ce doux début s'accorde avec mon jugement, 1735
Et présage déjà quelque accommodement.

ACTE V, SCÈNE IV

MONSIEUR LOYAL
Toute votre maison m'a toujours été chère,
Et j'étois serviteur de Monsieur votre père.

ORGON
Monsieur, j'ai grande honte et demande pardon
D'être sans vous connoître ou savoir votre nom. 1740

MONSIEUR LOYAL
Je m'appelle Loyal, natif de Normandie,
Et suis huissier à verge, en dépit de l'envie.
J'ai depuis quarante ans, grâce au Ciel, le bonheur
D'en exercer la charge avec beaucoup d'honneur;
Et je vous viens, Monsieur, avec votre licence, 1745
Signifier l'exploit de certaine ordonnance...

ORGON
Quoi ? vous êtes ici...?

MONSIEUR LOYAL
  Monsieur, sans passion :
Ce n'est rien seulement qu'une sommation,
Un ordre de vuider d'ici, vous et les vôtres,
Mettre vos meubles hors, et faire place à d'autres, 1750
Sans délai ni remise, ainsi que besoin est...

ORGON
Moi, sortir de céans ?

MONSIEUR LOYAL
  Oui, Monsieur, s'il vous plaît.
La maison à présent, comme savez de reste,
Au bon Monsieur Tartuffe appartient sans conteste.
De vos biens désormais il est maître et seigneur, 1755

En vertu d'un contrat duquel je suis porteur :
Il est en bonne forme, et l'on n'y peut rien dire.

DAMIS

Certes cette impudence est grande, et je l'admire.

MONSIEUR LOYAL

Monsieur, je ne dois point avoir affaire à vous ;
C'est à Monsieur : il est et raisonnable et doux, 1760
Et d'un homme de bien il sait trop bien l'office
Pour se vouloir du tout opposer à justice.

ORGON

Mais...

MONSIEUR LOYAL

     Oui, Monsieur, je sais que pour un million
Vous ne voudriez pas faire rébellion,
Et que vous souffrirez, en honnête personne, 1765
Que j'exécute ici les ordres qu'on me donne.

DAMIS

Vous pourriez bien ici sur votre noir jupon,
Monsieur l'huissier à verge, attirer le bâton.

MONSIEUR LOYAL

Faites que votre fils se taise ou se retire,
Monsieur. J'aurois regret d'être obligé d'écrire, 1770
Et de vous voir couché sur mon procès-verbal.

DORINE

Ce Monsieur Loyal porte un air bien déloyal !

MONSIEUR LOYAL

Pour tous les gens de bien j'ai de grandes tendresses,
Et ne me suis voulu, Monsieur, charger des pièces

Que pour vous obliger et vous faire plaisir, 1775
Que pour ôter par là le moyen d'en choisir
Qui, n'ayant pas pour vous le zèle qui me pousse,
Auroient pu procéder d'une façon moins douce.

ORGON

Et que peut-on de pis que d'ordonner aux gens
De sortir de chez eux ?

MONSIEUR LOYAL

On vous donne du temps, 1780
Et jusques à demain je ferai surséance
A l'exécution, Monsieur, de l'ordonnance.
Je viendrai seulement passer ici la nuit,
Avec dix de mes gens, sans scandale et sans bruit.
Pour la forme, il faudra, s'il vous plaît, qu'on m'apporte,
Avant que se coucher, les clefs de votre porte. 1786
J'aurai soin de ne pas troubler votre repos,
Et de ne rien souffrir qui ne soit à propos.
Mais demain, du matin, il vous faut être habile
A vuider de céans jusqu'au moindre ustensile : 1790
Mes gens vous aideront, et je les ai pris forts,
Pour vous faire service à tout mettre dehors.
On n'en peut pas user mieux que je fais, je pense ;
Et comme je vous traite avec grande indulgence,
Je vous conjure aussi, Monsieur, d'en user bien, 1795
Et qu'au dû de ma charge on ne me trouble en rien.

ORGON

Du meilleur de mon cœur je donnerois sur l'heure
Les cent plus beaux louis de ce qui me demeure,
Et pouvoir, à plaisir, sur ce mufle assener
Le plus grand coup de poing qui se puisse donner. 1800

CLÉANTE
Laissez, ne gâtons rien.
DAMIS
A cette audace étrange,
J'ai peine à me tenir, et la main me démange.

DORINE
Avec un si bon dos, ma foi, Monsieur Loyal,
Quelques coups de bâton ne vous siéroient pas mal.

MONSIEUR LOYAL
On pourroit bien punir ces paroles infâmes, 1805
Mamie, et l'on décrète aussi contre les femmes.

CLÉANTE
Finissons tout cela, Monsieur : c'en est assez ;
Donnez tôt ce papier, de grâce, et nous laissez.

MONSIEUR LOYAL
Jusqu'au revoir. Le Ciel vous tienne tous en joie !

ORGON
Puisse-t-il te confondre, et celui qui t'envoie ! 1810

SCÈNE V

Orgon, Cléante, Mariane, Elmire, Madame Pernelle, Dorine, Damis

ORGON
Hé bien, vous le voyez, ma mère, si j'ai droit,
Et vous pouvez juger du reste par l'exploit :
Ses trahisons enfin vous sont-elles connues ?

MADAME PERNELLE

Je suis toute ébaubie, et je tombe des nues !

DORINE

Vous vous plaignez à tort, à tort vous le blâmez, 1815
Et ses pieux desseins par là sont confirmés :
Dans l'amour du prochain sa vertu se consomme ;
Il sait que très souvent les biens corrompent l'homme,
Et par charité pure, il veut vous enlever
Tout ce qui vous peut faire obstacle à vous sauver. 1820

ORGON

Taisez-vous : c'est le mot qu'il vous faut toujours dire.

CLÉANTE

Allons voir quel conseil on doit vous faire élire.

ELMIRE

Allez faire éclater l'audace de l'ingrat.
Ce procédé détruit la vertu du contrat ;
Et sa déloyauté va paroître trop noire, 1825
Pour souffrir qu'il en ait le succès qu'on veut croire.

SCÈNE VI

Valère, Orgon, Cléante, Elmire, Mariane, etc.

VALÈRE

Avec regret, Monsieur, je viens vous affliger ;
Mais je m'y vois contraint par le pressant danger.
Un ami, qui m'est joint d'une amitié fort tendre,
Et qui sait l'intérêt qu'en vous j'ai lieu de prendre, 1830
A violé pour moi, par un pas délicat,

Le secret que l'on doit aux affaires d'État,
Et me vient d'envoyer un avis dont la suite
Vous réduit au parti d'une soudaine fuite.
Le fourbe qui longtemps a pu vous imposer   1835
Depuis une heure au Prince a su vous accuser,
Et remettre en ses mains, dans les traits qu'il vous jette,
D'un criminel d'État l'importante cassette,
Dont, au mépris, dit-il, du devoir d'un sujet,
Vous avez conservé le coupable secret.   1840
J'ignore le détail du crime qu'on vous donne ;
Mais un ordre est donné contre votre personne ;
Et lui-même est chargé, pour mieux l'exécuter,
D'accompagner celui qui vous doit arrêter.

CLÉANTE

Voilà ses droits armés ; et c'est par où le traître   1845
De vos biens qu'il prétend cherche à se rendre maître.

ORGON

L'homme est, je vous l'avoue, un méchant animal !

VALÈRE

Le moindre amusement peut vous être fatal.
J'ai, pour vous emmener, mon carrosse à la porte,
Avec mille louis qu'ici je vous apporte.   1850
Ne perdons point de temps: le trait est foudroyant,
Et ce sont de ces coups que l'on pare en fuyant.
A vous mettre en lieu sûr je m'offre pour conduite
Et veux accompagner jusqu'au bout votre fuite.

ORGON

Las ! que ne dois-je point à vos soins obligeants !   1855
Pour vous en rendre grâce il faut un autre temps ;

ACTE V, SCÈNE VII

Et je demande au Ciel de m'être assez propice,
Pour reconnoître un jour ce généreux service.
Adieux : prenez le soin, vous autres...

CLÉANTE

Allez tôt :
Nous songerons, mon frère, à faire ce qu'il faut. 1860

SCÈNE VII

L'Exempt, Tartuffe, Valère, Orgon, Elmire, Mariane, etc.

TARTUFFE

Tout beau, Monsieur, tout beau, ne courez point si vite :
Vous n'irez pas fort loin pour trouver votre gîte,
Et de la part du Prince on vous fait prisonnier.

ORGON

Traître, tu me gardois ce trait pour le dernier ;
C'est le coup, scélérat, par où tu m'expédies, 1865
Et voilà couronner toutes tes perfidies.

TARTUFFE

Vos injures n'ont rien à me pouvoir aigrir,
Et je suis pour le Ciel appris à tout souffrir.

CLÉANTE

La modération est grande, je l'avoue.

DAMIS

Comme du Ciel l'infâme impudemment se joue ! 1870

TARTUFFE

Tous vos emportements ne sauroient m'émouvoir,
Et je ne songe à rien qu'à faire mon devoir.

MARIANE

Vous avez de ceci grande gloire à prétendre,
Et cet emploi pour vous est fort honnête à prendre.

TARTUFFE

Un emploi ne sauroit être que glorieux,   1875
Quand il part du pouvoir qui m'envoie en ces lieux.

ORGON

Mais t'es-tu souvenu que ma main charitable,
Ingrat, t'a retiré d'un état misérable?

TARTUFFE

Oui, je sais quels secours j'en ai pu recevoir,
Mais l'intérêt du Prince est mon premier devoir;   188
De ce devoir sacré la juste violence
Étouffe dans mon cœur toute reconnoissance,
Et je sacrifierois à de si puissants nœuds
Ami, femme, parents, et moi-même avec eux.

ELMIRE

L'imposteur!

DORINE

             Comme il sait, de traîtresse manière, 1885
Se faire un beau manteau de tout ce qu'on révère!

CLÉANTE

Mais s'il est si parfait que vous le déclarez,
Ce zèle qui vous pousse et dont vous vous parez,
D'où vient que pour paroître il s'avise d'attendre

Qu'à poursuivre sa femme il ait su vous surprendre,   1890
Et que vous ne songez à l'aller dénoncer
Que lorsque son honneur l'oblige à vous chasser ?
Je ne vous parle point, pour devoir en distraire,
Du don de tout son bien qu'il venoit de vous faire ;
Mais le voulant traiter en coupable aujourd'hui,   1895
Pourquoi consentiez-vous à rien prendre de lui ?

TARTUFFE, *à l'Exempt.*

Délivrez-moi, Monsieur, de la criaillerie,
Et daignez accomplir votre ordre, je vous prie.

L'EXEMPT

Oui, c'est trop demeurer sans doute à l'accomplir :
Votre bouche à propos m'invite à le remplir ;   1900
Et pour l'exécuter, suivez-moi tout à l'heure
Dans la prison qu'on doit vous donner pour demeure.

TARTUFFE

Qui ? moi, Monsieur ?

L'EXEMPT

Oui, vous.

TARTUFFE

Pourquoi donc la prison ?

L'EXEMPT

Ce n'est pas vous à qui j'en veux rendre raison.
Remettez-vous, Monsieur, d'une alarme si chaude.   1905
Nous vivons sous un prince ennemi de la fraude,
Un prince dont les yeux se font jour dans les cœurs,
Et que ne peut tromper tout l'art des imposteurs.
D'un fin discernement sa grande âme pourvue
Sur les choses toujours jette une droite vue ;   1910

Chez elle jamais rien ne surprend trop d'accès,
Et sa ferme raison ne tombe en nul excès.
Il donne aux gens de bien une gloire immortelle ;
Mais sans aveuglement il fait briller ce zèle,
Et l'amour pour les vrais ne ferme point son cœur 1915
A tout ce que les faux doivent donner d'horreur.
Celui-ci n'étoit pas pour le pouvoir surprendre,
Et de pièges plus fins on le voit se défendre.
D'abord il a percé, par de vives clartés,
Des replis de son cœur toutes les lâchetés. 1920
Venant vous accuser, il s'est trahi lui-même,
Et par un juste trait de l'équité suprême,
S'est découvert au Prince un fourbe renommé,
Dont sous un autre nom il étoit informé ;
Et c'est un long détail d'actions toutes noires 1925
Dont on pourroit former des volumes d'histoires.
Ce monarque, en un mot, a vers vous détesté
Sa lâche ingratitude et sa déloyauté ;
A ses autres horreurs il a joint cette suite,
Et ne m'a jusqu'ici soumis à sa conduite 1930
Que pour voir l'impudence aller jusques au bout,
Et vous faire par lui faire raison de tout.
Oui, de tous vos papiers, dont il se dit le maître,
Il veut qu'entre vos mains je dépouille le traître.
D'un souverain pouvoir, il brise les liens 1935
Du contrat qui lui fait un don de tous vos biens,
Et vous pardonne enfin cette offense secrète
Où vous a d'un ami fait tomber la retraite ;
Et c'est le prix qu'il donne au zèle qu'autrefois
On vous vit témoigner en appuyant ses droits, 1940
Pour montrer que son cœur sait, quand moins on y pense,
D'une bonne action verser la récompense,

Que jamais le mérite avec lui ne perd rien,
Et que mieux que du mal il se souvient du bien.

DORINE
Que le Ciel soit loué !

MADAME PERNELLE
Maintenant je respire.

ELMIRE
Favorable succès !

MARIANE
Qui l'auroit osé dire ?

ORGON, *à Tartuffe.*
Hé bien ! te voilà, traître...

CLÉANTE
Ah ! mon frère, arrêtez,
Et ne descendez point à des indignités ;
A son mauvais destin laissez un misérable,
Et ne vous joignez point au remords qui l'accable :
Souhaitez bien plutôt que son cœur en ce jour,
Au sein de la vertu fasse un heureux retour,
Qu'il corrige sa vie en détestant son vice
Et puisse du grand Prince adoucir la justice,
Tandis qu'à sa bonté vous irez à genoux
Rendre ce que demande un traitement si doux.

ORGON
Oui, c'est bien dit : allons à ses pieds avec joie
Nous louer des bontés que son cœur nous déploie.
Puis, acquittés un peu de ce premier devoir,
Aux justes soins d'un autre il nous faudra pourvoir,
Et par un doux hymen couronner en Valère
La flamme d'un amant généreux et sincère.

NOTES

ACTEURS

Mme Pernelle, a scolding old dowager, who appears only at the beginning and the end of the play. She is conservative and opinionated. The part was originally played by a man, Béjart, uncle of Molière's wife.

Orgon, a person of good social position, who has rendered services to the king during the civil wars and still has access to court. Opinionated, like his mother, but easily duped by Tartuffe's hypocrisy.

Elmire, Orgon's second wife, young and charming, witty and clever, but sensible and, though fond of society, mindful of her duties to her husband and his family. She is more intelligent than her husband.

Damis, a hot-headed and impetuous youth.

Mariane, a timid, respectful and demure young girl.

Valère, the young lover, excitable and quick tempered, but thoroughly devoted to Mariane.

Cléante, an example of the *raisonneur* of Molière's comedies, i. e. the sensible man, who gives good advice and sets forth the author's views.

Tartuffe, the arch-hypocrite of modern French literature. He is not the pale, anaemic dissembler, but fat and red-faced, a glutton and a heavy drinker. At the same time, he is not a buffoon, as Fechter represented him (cf. *le Moliériste*, Vol. I), kissing Elmire and drinking wine when Orgon's back is turned. Only Mme Pernelle and Orgon are, however, his dupes. The etymology of the name is uncertain, and it has variously been connected with the Italian *tartufo*, "truffle" (designating a decayed and rotting tubercle, hence a corrupt man); the old French *trufer*, "to deceive;" the German *Teufel*, "devil:" "Forse il Molière mise insieme Tartaifel [der Teufel] e Tartufo creando il suo famoso personaggio" (Petrocchi's Ital. Dict). Sainte-Beuve (*Port-Royal*, Vol. III, page 288, n.) calls attention to the fact that the various names used by Molière in the different versions of the play, — Tartuffe, Panulphe, as well as Scarron's Montufar and La Bruyère's Onuphre, — all "présentent la même idée dans une onomatopée confuse, quelque chose en dessous et de fourré." There is another possibility, namely, that Tartuffe may have been a real name selected by Molière for its appropriateness, as Dickens often chose real names, which seem, however, to have no counterpart. Molière's spelling was *Tartuffe*, (with the *ff*). Some writers, with the Italian theory of origin in mind, have tried to correct it to *Tartufe*. But, as Fournier points out, Molière would undoubtedly have liked any number of *f*'s and *r*'s, had they been admissible, to indicate the mellifluous unctuousness of the name, *Tar-r-r-tuf-f-f-e*.

Dorine, a brisk and lively companion to Mariane, who has lived so long in the family that she feels perfectly free to speak her mind. She has much practical philosophy and common sense.

M. Loyal, Tartuffe's agent, whose name is justified on the principle of *lucus a non lucendo*.

Un exempt, a police officer who appears in the last scene to cut the Gordian knot of the play.

Flipote, mute character appearing only in the first scene.

ACT I. Scene i

1. **eux**, i.e. the people of the household. Madame Pernelle is leaving the house in a huff, and Elmire nevertheless courteously escorts her to the door.

4. **façons** = *annoying attentions, formalities.*

7. **ménage**, *goings on.*

12. **la cour du roi Pétaut**, *Pandemonium, the Court of the Lord of Misrule.* The origin of the expression is doubtful, though it is an old one, and the *roi Pétaut* is found in Rabelais (Bk III, ch. vi). It is sometimes explained as referring to brotherhoods of beggars (*peto*, "I beg"), in which each member was the equal of the chief. Other explanations are more coarse. "La cour du roi Pétaud où

chacun est maître." — The derivative *pétaudière* is the more common form in modern French.

13. **mamie,** also spelled *m'amie, ma mie.* The expression is somewhat archaic today, the correct modern form being *mon amie.* — **Fille suivante,** obsolete in this sense = a sort of superior servant. Indeed, Dorine is more properly what a *suivante* usually was in the older plays, — a companion, almost a member of the household, as distinguished from a *servante.* Dorine may have begun by being a *servante,* though she is not a peasant like Martine in *Les Femmes Savantes;* and indeed Molière himself, in a comment on l. 194, says: "C'est une servante qui parle." Corneille has *suivantes* in his early comedies, and one of his plays bears the name *La Suivante.* The word is now confined to the theatre.

14. **trop forte en gueule,** *too loud with your mouth. Gueule* is used in a familiar or slightly vulgar way; cf. *gueuler.*

16. **en trois lettres,** i. e. the three which spell the word *sot;* cf. the expression of Latin comedy, as in the *Aulularia* of Plautus: *homo trium litterarum = fur,* a thief.

19. **air,** in this sense (*manière, façon*), an instance of numerous expressions of preciosity which Molière, in spite of his hostility to the style, unconsciously adopted; cf. *l'air précieux* in the *Précieuses ridicules.* The use has become perfectly common.

21. **sa sœur** = *vous, sa sœur,* a vocative in the third person. — **Discrette** = *discrète.*

22. **vous n'y touchez pas,** *butter won't melt in your mouth.* A *Sainte Nitouche* is a prim, demure, somewhat sanctimonious person.

22. **doucette,** Madame Pernelle, as an elderly woman, uses the old-fashioned diminutives of which the sixteenth century had been fond, and which still lingered among some people in the seventeenth.

24. **sous chape,** *on the sly;* cf. " up one's sleeve." The *chape* or *cape* = a cloak with a hood; cf. *chapeau, chaperon.* In contemporary French *chape* is replaced by *cape* in this saying.

25. **qu'il ne vous en déplaise,** *with all respect to you.*

27. **aux yeux,** today, *sous les yeux.*

28. **en usoit,** *behaved.*

30. **que vous alliez,** etc.; this whole line develops the word *état,* and the entire construction may be looked upon as slightly pe-

culiar. It would be a little more natural to say *cela me blesse que,* etc.

35. si j'étois de mon fils, *if I were my son; être de* or *être que de,* "to be in the place of," the *de* indicating: source, origin, that which partakes of, e.g. *si j'étais de vous.*

37. maximes de vivre, *rules of conduct.*

38. honnêtes gens, *respectable people.* — **Ne se doivent point suivre,** today the *se* would precede the infinitive rather than the auxiliary. The reflexive is here used with the indirect object of agent and *par,* where the passive would be a more natural construction; cf. Haase, *Syntaxe,* p. 179.

40. Je ne mâche point, etc., *I do not mince matters.*

45. cagot de critique, the expression denotes one who is both hypocritical and hypercritical. The origin of the word *cagot* is uncertain in its application. It is said to have been first applied to a pariah or outcast race of Béarn, infidels or lepers, and from this the name broadened in meaning.

46. céans, *here.* Now archaic (cf. *le maître de céans*), but often used in this play.

51. il contrôle tout, to examine critically, and therefore often, as here, *to censure.*

57. Je trahirois mon cœur, *I should be perjuring myself.*

58. façons de faire, "locution précieuse propagée par Molière" (Livet).

59. une suite, *some* (unpleasant) *consequence.* — **Pied plat,** *scoundrel.* Originally, undoubtedly, a clumsy person with a flat foot, though in the seventeenth century it probably connoted in general acceptance a common person, without the high heels of the nobility. — It will be noticed that **j'en prévois** has two objects: a noun and a clause.

65. en vienne jusque-là que de = *en vienne au point de.*

67. merci de ma vie! *Mercy sakes alive!* — **il en iroit,** impersonal.

70. Tout son fait = *tout ce qu'il fait.*

71. Laurent, is Tartuffe's servant, of whom we hear, but who does not appear.

76. à cause qu'il = *parce qu'il.* — **Vos vérités.** *Dire à quelqu'un ses vérités,* "to tell a person his defects."

80. hante céans, *frequent this house.*

ACT I, SCENE I

91. **Je veux croire,** etc., *I am willing to believe that it does not mean anything after all.*

95. **pour** = *à cause de.*

103. **Daphné,** Daphné and Orante (l. 118) are said to represent the duchesse de Soissons (Olympe Mancini) and the duchesse de Navailles, both out of favor with the king. There is no necessity for any such absolute identification.

106. **médire sur autrui** = *médire d'autrui.*

110. **tour,** *turn, twist,* i. e. *meaning.* "Locution précieuse propagée par Molière" (Livet). — **qu'ils veulent qu'on y croie** is a rather clumsy construction, yet it can hardly be improved by a mere transposition of words, but must be modified to something like *qu'ils veulent qu'on croie y voir.* Even then the two neighboring *que* clauses would be clumsy in contemporary French. Cf. Haase, p. 77.

112. **les leurs,** i. e. their actions.

115. **partagés,** the idea is that of sharing blame with others, throwing it upon them. *Partager* is *donner en partage,* not "to divide into parts." Its use here is an example of verse-padding (*cheville*).

117. **ne font rien à l'affaire,** *have nothing to do with the case.*

120. **le train qui vient céans,** cf. l. 80: *qu'aucun hante céans. Train* = "crowd:" "Gens de vie peu exemplaire (vieilli)" is Littré's definition.

123. **zèle,** constantly in the seventeenth century means *religious zeal* or *piety.* Its use in this sense should be carefully noted in this play.

124. **à son corps défendant,** *because she can't help herself.* The primitive idea is that of self-defence. With Orante cf. the portrait of Arsinoé in the *Misanthrope,* Act. III.

131. **retours,** figure of a hunted deer turning on its tracks to avoid the dogs, transferred to the meaning of ruse or trick.

136. **ne pardonne à rien,** the usual construction is *pardonner quelque chose à quelqu'un.* No person's name is here expressed.

137. **un chacun,** archaic, except in popular speech for *chacun;* cf. Haase, p. 107.

140. **Penchant** = *déclin.*

141. **contes bleus,** *nonsense, wild stories.* "Blue stories" in

English sometimes mean indecent tales; but such is not the meaning here. The origin is, for lack of a better explanation, attributed either to the *Bibliothèque bleue*, a popular collection of old mediaeval stories, or to the favorite fairy tale called the *Oiseau bleu*. Cf. the saying, *n'y voir que du bleu* = "unable to distinguish head or tail in a matter."

143. **tient le dé**, figure borrowed from the game of dice: *tenir le dé de la conversation*.

144. **discourir**, "et elle appuie le mot de *discourir* d'un coup de sa béquille sur le parquet" (Régnier).

146. **chez soi** = *chez lui*; cf. Haase, p. 31.

147. **au besoin**, *in time of need*.

154. **chansons**, *nonsense*.

156. **du tiers et du quart**, expression still used but archaic: *le tiers et le quart* = "le premier venu," "tout le monde." *Tiers* and *quart* were used as now *troisième* and *quatrième*.

157. **leurs têtes**, in contemporary French, *la tête*.

160. **un docteur**, *a learned man*.

161. **tour de Babylone**, Madame Pernelle confuses Babel and Babylon, and then imagines it to be formed of *babiller* ("to chatter") and *aune* ("an ell"). *Tout le long de l'aune* = "full measure." Her pun cannot be translated. The idea is: "It is a regular tower of Babylon, for it is a place where people always babble on." — The commentators call attention to a passage in *la Cour sainte* (1624) by the Jesuit Nicolas Caussin: "Les Géants, après le déluge des eaux, voulurent bâtir la tour de Babel; mais les femmes, dans le déluge des langues, bâtissent la tour de babil."

164. **Voilà-t-il pas**, etc., *see that fellow snickering already*. The *t* of *voilà-t-il*, like that of *aime-t-il*, etc., is by analogy with the *t* endings of the third person singular of the last three conjugations, the third person singular of the imperfect and the third person plural of all conjugations. It is not a remnant of the *t* of the third person singular of Latin in such forms as *amat*. — The omission of *ne* was not necessarily so colloquial then as now. — "Elle s'est retournée vers Cléante et le voit cherchant à étouffer le rire qui s'empare de lui. Indignée, elle imite sénilement et ridiculement ce rire qu'elle fond dans le vers qui suit" (Régnier).

167. **pour céans j'en rabats de moitié**, *my opinion of this place*

ACT I, SCENE II

has gone down one half. En rabattre de moitié = "to diminish by half one's good opinion of a thing."

168. **il fera beau temps**, etc., *it will be a long time before I set foot here again.* "Donnant un coup de sa béquille" (Régnier).

169. **bayez aux corneilles**, *you stand gaping about.* Bayer, formerly *béer* (cf. *bouche bée, béant*). Only by confusion connected with *bâiller*.

170. **Jour de Dieu!** An oath said to have been popularized by Charles VIII.

171. **gaupe**, *slut.*

Scene II

172. **ne vînt**, the imperfect subjunctive is here used after a primary tense, instead of *ne vienne;* which would be necessary in contemporary French. The sequence of tenses was less strictly observed in the seventeenth century. Perhaps the imperfect emphasized even more the hypothetical character of the thought. Cf. Haase, p. 169. Cf. in l. 1006, *ne pût altérer.*

173. **bonne femme**, *old woman.*

176. **à lui donner** = *qu'on lui donne*, the infinitive with a preposition could replace without difficulty in the seventeenth century a clause, when the latter construction would be preferred today as more clear; cf. Haase, p. 208.

178. **coiffée**, *être coiffé de quelqu'un* = "to have one's head full of a person," "to be daft about somebody."

179. **au prix du**, *in comparison with;* Dorine, after her previous joking tone, now becomes serious.

181. **Nos troubles**, i.e. the wars of the Fronde. Orgon had espoused the royal cause in the contest against the claims of the nobility and the *Parlement.* These services had given him standing at court and, at the end of the play, justify the favor of the king in helping him to escape from the power of Tartuffe. — **Pied d'homme sage**, "Locution précieuse propagée par Molière" (Livet). *Pied* is here figuratively used in the sense of "type," "measure," "model," "standard," as of a coin.

184. **entêté**, "Locution précieuse propagée par Molière" (Livet).

189. **une maîtresse**, *a sweetheart.*

191. **haut bout**, the place of honor at the upper end; cf. the English "High Table."

194. **s'il vient à roter,** *if he happens to belch.*
199. **en jouir,** *take advantage of him.*
201. **cagotisme,** cf. l. 45.
202. **gloser,** *to criticise.*
203. **Il n'est pas jusqu'au fat,** *even the fool;* in the seventeenth century *fat* meant "fool," not necessarily, as today, "conceited fool."
206. **mouches,** paint and patches were frequent, perhaps originally to conceal slightly the ravages of small pox. It was, however, fashionable to be pale and a blonde.
207. **traître,** *rascal.* The word is constantly used as a vague term of reproach without any reference to treachery. — **rompit,** in comtemporary French *déchirer* would be used.
208. **Fleur des Saints,** translation of a Spanish religious work by Ribadeneira, published in the form of a large folio. People used big books for pressing things; so Chrysale in the *Femmes savantes* keeps his collars or neck-bands in a big Plutarch.

Scene III

215. **amusement,** constantly in older French used in the sense of *waste of time.*
217. **touchez-lui quelque chose,** *say something to him.*
218. **effet,** *fulfilment.*
219. **détours,** *evasions, shifts.*

Scene IV

224. **j'ai joie,** would be now expressed: *je suis heureux, content.* — Orgon has just returned from an absence in the country.
230. **comme** = *comment,* as often in the seventeenth century; cf. Haase, p. 96.
234. **Gros et gras,** "Du Croisy [who played the part] était bien le personnage gros et gras, au teint frais, à la bouche vermeille que Molière donnait comme le type de son Tartuffe" (Livet).
235. **Le pauvre homme,** *poor dear fellow;* said in a tone of fond affection; not compassion, for this Tartuffe does not need. Molière is fond of the repetition of phrases as in the *Misanthrope* (" je ne

dis pas cela") and in the *Fourberies de Scapin* ("que diable allait-il faire dans cette galère").

235. **un grand dégoût**, *a feeling of nausea*.

239. **il mangea**, etc., this was a heavy meal for supper, which was a late and simple repast at eight or nine o'clock before going to bed.

240. **hachis**, "Avec béatitude, en accentuant bien l'*h* aspirée" (Régnier).

241. **toute entière**, in contemporary French in this construction, the adverbial use of *tout* would be necessary; cf. Haase, p. 104.

247. **il se mit tout soudain**, *he popped into his warm bed*.

249. **Le pauvre homme**, Orgon wipes his eyes; his love has drawn tears. — **raisons**, *arguments*.

252. **Il reprit courage comme il faut**, *he cheered up nicely*.

256. **Le pauvre homme**, "Orgon transporté et avec éclat" (Régnier).

Scene V

261. **franc**, for the adverb *franchement;* cf. l. 707: *vous m'avez dit tout franc*, etc.

265. **misère**, *poverty*.

272. **un homme enfin** ... Orgon, unable to find words to express what he means and how much he admires Tartuffe, ends almost in incoherence. — With the whole description of Tartuffe compare La Bruyère's important account of Onuphre, the *faux dévot*, which is based upon it.

274. **fumier**, cf. the Epistle of Paul to the Philippians. iii: 8: "Yea doubtless, and I count all things but loss for the excellency of the knowledge of Christ Jesus my Lord: for whom I have suffered the loss of all things, and do count them but dung, that I may win Christ."

275. **tout autre**, *a different man*.

279. **autant que de cela**, Orgon snaps his fingers, or taps his hat or makes some similar gesture of contempt.

286. **il poussoit sa prière**, "Locution précieuse propagée par Molière" (Livet); cf. *pousser le tendre*.

287. **élancements**, *ejaculations of devotion;* "Mouvement de l'âme se portant vivement vers Dieu" (Hatzfeld et Darmsteter).

291. garçon, "his servant," "his man."

296. de vous faire pitié, *to draw your sympathy.*

301. reprend, *reproves.*

311. croi, for *crois*. The omission of the *s* is not a poetical license but an older spelling. *Que je crois = à ce que je crois.*

314. libertinage, *heresy*. The words *libertin* and *libertinage* were constantly used in the seventeenth century to indicate unbelievers and free thinkers, or those indifferent in religious matters, ranging from agnostics to sceptics.

317. quelque méchante affaire, *you will get yourself into trouble;* "Locution précieuse propagée par Molière" (Livet).

318. discours, *argument.*

321. simagrées, *mummery.*

323. Allez, *indeed.*

325. façonniers, those who put on airs or mannerisms; cf. l. 4.

330. aussi = *non plus.* — Grimace, *pretence;* cf. ll. 362, 1618.

339. Les hommes la plupart, *men for the most part.* "Le monde, chère Agnès, est une étrange chose," says Arnolphe in *l'École des Femmes.*

340. juste nature, *proper mean.*

346. un docteur, *a pundit.*

350. près de vous = *auprès de vous ; près* and *auprès* were often used interchangeably; cf. Haase, p. 376.

355. Et comme je ne vois, etc., this speech of Cléante is very confused in its construction. On the one hand he admires those who are sincerely devout: *nul genre*, etc., and *aucune chose*, etc., are the objects of *vois*. Similarly (*aussi*) he detests pretenders to religion, who are further described by clauses in apposition: *ces gens qui* (l. 365) and *ces gens, dis-je* (l. 369). These phrases are in turn qualified by relative clauses. A conclusion, apodosis or main statement, begins with the words *sont prompts, vindicatifs*, etc., (l. 374). *D'autant plus dangereux* (l. 377) explains their characteristics still more.

360. dehors plâtré ; cf. *dehors fardés* (l. 200).

361. francs charlatans, *out and out humbugs.* — dévots de place. Two explanations are given: 1. — *bigots for show*, who make a display, just as servants show themselves in the market place in order to be hired. 2. — *bumptious bigots*, meaning based on the Spanish

hombre de plaza, one who holds or might occupy an honorable position. The use of the expression in this sense by Scarron makes it possible in Molière.

362. **grimace**, *mien* (with the idea of dissimulation); cf. l. 330, n.

368. **clins d'yeux**, *upliftings of the eyes.* — **élans**, *ejaculations.*

371. **brûlants et priants**, the present participle is today indeclinable.

372. **la retraite**, *seclusion.*

376. **fier ressentiment**, *cruel feelings*; *fier = ferus* (Latin), " hard "; *ressentiment = sentiment.*

379. **bon gré**; *savoir gré = to be grateful for.*

387. **débattu** = *disputé, contesté.*

388. **fanfarons**, people who are always "blowing their own horn."

390. **traitable**, *accommodating.*

397. **cabale**, one of the words which led M. Allier to consider the whole play as directed against the *Cabale des Dévots*; cf. the introduction.

403. **il en faut user**, " Locution précieuse propagée par Molière" (Livet).

408. **Oui**, " Orgon, sans mot dire, va chercher son manteau sur le fauteuil où Dorine l'a déposé, le met sur son bras, donne froidement un coup de chapeau à son beau-frère et dit en s'en allant :
Je suis votre valet." (Régnier).

411. **a parole de vous** = *a votre parole;* the *de* indicates the source of the promise; cf. Haase, p. 34.

418. **Selon**. *C'est selon = that depends.* — **finesses**, *artifices,* " Locution précieuse propagée par Molière" (Livet).

420. **Le ciel en soit loué**, said ironically.

423. **tout de bon**, *in earnest.*

425. **disgrâce**, *misfortune.*

ACT II. SCENE I

427. **j'ai de quoi vous parler** = *j'ai à vous parler.*

428. **voi** = *vois;* cf. *croi*, l. 311.

431. **or sus**, archaic.

437. **C'est où** = *c'est en quoi;* the adverb of place stands for the relative pronoun. — **gloire** = *pride.*

440. Hélas, indicating not grief, but embarrassment.

445. Eh? Mariane is overcome with surprise. Orgon, hearing no reply, turns his head without changing his attitude. — In a somewhat similar scene Argan, the *Malade imaginaire*, tries to make his daughter Angélique marry Thomas Diafoirus against her will. — **Plaît-il?** *I beg your pardon?* — **quoi,** Orgon grows impatient.

447. Qui me touche, Ellipsis: "Qui voulez-vous que je dise (qu'il est celui) qui me touche et que je voudrais le voir devenir mon époux." The seventeenth century used *qui* more abundantly than now.

452. arrêté = *décidé*.

456. vœux = *désirs*.

Scene II

456. que faites-vous là? "Il va continuer en lui tournant le dos, mais sa phrase et son mouvement sont interrompus par la présence inattendue de Dorine, qu'à sa grande surprise il trouve plantée à côté de lui, à sa droite, les bras croisés, faisant face au public, dans une attitude ferme et résolue qui fait pressentir la scène violente qui va avoir lieu" (Régnier).

458. à nous venir écouter = *de venir nous écouter*. — **de la sorte,** *in this way*.

459. bruit, *report*.

466. vous nous contez, *conter* here = to talk nonsense.

469. ne croyez point à, it would be more natural to omit the preposition; *croire à* means to "believe in (the existence of) something;" cf. Haase, p. 349.

470. vous avez beau faire, *no matter what you do*.

476. privautés, *familiarities*.

485. par là = *pour cela*.

486. misère, *poverty*.

490. attache, *attachement*, i.e. "love."

493. fiefs, *estates*. — **A bon titre,** *rightly*.

500. éclats, *show, display*.

509. d'y, i.e. in marriage.

511. le front, men deceived by their wives, i.e. cuckolds or *cocus* were proverbially said to have horns.

520. **amusons**, note the meanings of *amuser* (cf. l. 215) and *chansons* (l. 154).

524. **libertin**, cf. l. 314.

526. **à vos heures précises,** *exactly when you do.*

527. **pour être aperçus,** cf. *St. Matthew,* chap. vi, 5: "And when thou prayest, thou shalt not be as the hypocrites are: for they love to pray standing in the synagogues, and in the corners of the streets, that they may be seen of men. Verily, I say unto you, They have their reward."

529. **avec le ciel,** etc., *in the best possible standing with Heaven.*

532. **confit,** *steeped.*

539. **ascendant,** *influence.* In astrology the "ascendant" expressed the point of the zodiac situated on the eastern horizon at the time of birth, as was important in determining the horoscope. Cf. "to be in the ascendant." — **l'emportera,** *will prevail.*

542. **où vous n'avez que faire,** *where you have no business.*

548. **d'un chacun,** cf. l. 137.

551. **traits effrontés,** *shameless insults;* the figure of speech is somewhat mixed.

552. **vous vous emportez** = *vous vous mettez en colère.*

557. **Comme sage,** *as a sensible man.*

560. **un beau museau,** *a fine phiz.*

562. **bien lotie,** *well portioned,* i. e. "lucky."

572. **vous devez approuver mon dessein.** — The stage tradition as set forth by Régnier adds much to the appreciation of the action: "Dorine, de la main, fait à Mariane, par-dessus l'épaule d'Orgon, le signe de résister; Orgon se retourne brusquement; mais Dorine, sans broncher, change immédiatement et avec sang-froid l'intention de son geste, elle écarte de son front et de sa main restée en l'air, une mèche de cheveux qui la gênait, et rajuste tranquillement sa coiffe. Ce mouvement, exécuté avec le naturel le plus simple, oblige forcément Orgon à se contraindre; en frappant Dorine, ne serait-il pas le plus brutal et le plus injuste des maîtres? Il jette sur elle un regard de travers, et continue son discours:

        Croire que le mari . . .

Il s'interrompt tout aussitôt et se retourne encore voulant absolument prendre Dorine en faute; il s'est trop pressé, Dorine réprime le mouvement à peine commencé, et n'oppose au regard furibond de son maître qu'un visage calme et plein de douceur. Orgon peut-il lui reprocher de la désobéissance ou de l'insolence? Non, s'il éclatait, il serait dans son tort; il faut donc, malgré la fureur intérieure qui le possède, qu'il se contraigne de nouveau, et c'est d'une voix profondément altérée qu'il dit:

> ... que j'ai su vous élire ...

Cette fois il a surpris à la dérobée le geste que l'opiniâtre Dorine fait à Mariane; il ébauche par un mouvement le revers de main qu'il s'est promis d'appliquer à Dorine; celle-ci l'arrête en chemin tout aussitôt, par une nouvelle interprétation donnée à sa gesticulation. Pleine d'attention pour son maître, elle vient d'apercevoir sur son épaule un cheveu ou un duvet qu'elle prend délicatement entre deux doigts, qu'elle souffle dans l'air et qu'elle suit de l'œil dans l'espace. Orgon, comme paralysé par ce manège qui a encore tout le caractère de l'innocence, prend le parti de dissimuler sa rage; il se croise les bras et dit à Dorine en affectant le plus grand calme:

> Que ne parles-tu?

574. Que = *pourquoi*.

575. moi, two possible interpretations: 1, as equivalent to *à moi*, repeating the earlier *me*; 2, as meaning, *quant à moi*.

576. Quelque sotte, an exclamation standing for an ellipsis, as *quelque sotte dirait un petit mot*, or *vous me prenez pour quelque sotte*. In contemporary French Dorine would say something like *pas si bête*.

577. payer d'obéissance = *obéir*.

579. Je me moquerois fort, etc., *catch me taking such a husband*.

584. me rasseoir un peu, *cool down a little*. — With this whole scene Taine in his history of English literature (Bk. II, chap. iv) contrasts the greater violence of Capulet's fury against Juliet under similar conditions (*Romeo and Juliet*, Act III, sc. v):

> God's bread! it makes me mad:
> Day, night, hour, tide, time, work, play,
> Alone, in company, still my care hath been
> To have her match'd: and having now provided
> A gentleman of noble parentage,
> Of fair demesnes, youthful, and nobly train'd,
> Stuff'd, as they say, with honorable parts,

ACT II, SCENE III 135

Proportion'd as one's thoughts would wish a man,
And then to have a wretched puling fool,
A whining mammet, in her fortune's tender,
To answer, '*I'll not wed; I cannot love,
I am too young; I pray you, pardon me,*' —
But, as you will not wed, I'll pardon you:
Graze where you will, you shall not house with me:
Look to't, think on't, I do not use to jest.
Thursday is near; lay hand on heart, advise:
An you be mine, I'll give you to my friend;
An you be not, hang, beg, starve, die in the streets,
For, by my soul, I'll ne'er acknowledge thee.

Scene III

As soon as Orgon is gone, Dorine opens the door to see if the coast is clear, and then comes in again.

586. **parole** and *rôle* are poor rimes.

591. **par autrui**, *at another's command.*

599. **des pas** = *des démarches.*

603. **T'ai-je pas**; the *ne* is omitted; cf. l. 164.

605. **que sais-je**, *how do I know?*

606. **tout de bon**, *in good earnest.*

611. **tous deux brûlez**, omission of the pronoun, not infrequent in the seventeenth century.

615. **fort bien**, said sarcastically. — **où** = *auquel*; the adverb of place is frequent in Molière in the place of a relative pronoun.

619. **de quelle humeur**, *in what a temper.*

620. **déplaisirs**, *sorrows, troubles;* the word was then much stronger in meaning than now.

622. **dans l'occasion**, *when it comes to the pinch.*

625. **feux** = *amour*, as constantly in the seventeenth century.

627. **bourru**, not a "boor," as today, but a whimsical person (*bisarre, fantasque*). — **Fieffé**; originally one who holds a fief; then said humorously of one who has in a high degree a defect; so here *bourru fieffé* = "a regular crank" in American colloquial speech.

631. **d'éclatants mépris**, *a display of scorn.*

640. **soi-même** = *lui-même.*

642. **Monsieur Tartuffe**, said very pompously.

643. qui se mouche du pié. The explanation given of this saying is not a very satisfactory one. It is that the commonest of acrobatic tricks would be to lift one's foot and pass it beneath one's own nose. Hence, an extraordinary man, like Tartuffe, is *not* one *qui se mouche du pied*. It may be rendered by a different but parallel English saying: "He is not a man to be sneezed at;" cf. *homo emunctae naris*.

644. heur, *happiness*, from the Latin *augurium;* the *h* is an etymological mistake under the influence of *heure*. The word, originally often used in a neutral sense, equivalent to the French *chance*, now appears only in the compounds *bonheur* and *malheur*.

648. trop, has the meaning, as often in older French, of *très*.

651. discours, not "discourse," but merely *language*.

652. ouvre-moi = *montre-moi*.

653. C'en est fait, *it's enough*.

655. Voulût-il, the inversion of the imperfect subjunctive denotes concession.

657. coche, old word for *coach* (German *Kutsche*); cf. the saying, *la mouche du coche* i. e. a busybody, from La Fontaine's fable, *Le Coche et la Mouche*.

661. votre bienvenue, *your welcome*.

662. Madame la baillive, *the bailiff's wife;* the bailiff was an inferior administrative officer. — **madame l'élue**, a local magistrate or assessor, presiding over the distribution and collection of taxes.

663. siège pliant. The amount of honor given to a guest was indicated by the kind of chair offered him: 1, *fauteuils* or armchairs with back and arms; 2, chairs; 3, *placets* or stools; 4, *sièges pliants* or *pliants*, folding chairs. Livet tells the anecdote of Madame de Brissac who did not dare to use a seat with a back in the presence of her superior, so she sat on the back itself of a *fauteuil* with her feet upon the seat. Cf. *Le Comtesse d'Escarbagnas*: "LA COMTESSE: Laquais, donnez un siège à M. Thibaudier. (*Criquet apporte une chaise*). LA COMTESSE, *bas*: Un pliant, petit animal!"

665. grand'bande. The *grand'bande* was the royal band, but here the use is sarcastic, inasmuch as it consisted only of two pipes. — The modern apostrophe in *grand' bande* is from a mistaken etymology which thought the *e* of the feminine had been omitted. In fact, there was originally no *e* in the feminine of this adjective,

ACT II, SCENE IV

which had the same form in Latin for both genders. The *e* was added through the analogy of other feminines, but in some expressions, like *grand' mère, grand'route*, etc., in which the adjective was closely united with the noun, the old pronunciation remained. — à savoir, *to wit.*

666. **Fagotin,** name given to a well-known trained ape in the seventeenth century.

672. **vous en tâterez,** *you shall have your share of him.*

674. **tartufflée.** "Dorine cruelle, et, sur son dernier mot, semblant de sa main droite aplatir Mariane, comme un insecte sur la paume de sa main gauche" (Régnier). The word is manufactured with intentional ludicrous purpose by Molière, as in *Amphitryon* the words *désosier* and *désamphitryonner.*

Scene IV

Valère comes in cheerfully and tells the story as a huge joke. He misunderstands Mariane's seriousness and becomes serious too. He misinterprets her discouraged replies, expecting a more outspoken protestation of love. There are lover's quarrels in the *Dépit amoureux*, Act IV, sc. iii, and the *Bourgeois gentilhomme*, Act III, sc. x.

693. **où,** adverb used instead of the relative pronoun and preposition.

694. **honnête,** *frank.*

701. **en a souffert,** note the omission of the negation; cf. Haase, p. 275.

704. **de ceci réussir,** *what will be the result of this*; Réussir has, as often in the seventeenth century, a purely neutral meaning. Note the use of *de* with it, with the etymological meaning of issue or origin; cf. Haase, p. 281.

713. **Vous vous saisissez,** *you take advantage.*

720. **mes vœux,** *my love.*

722. **laissons là le mérite,** *let us leave worth out of the question;* cf. Molière's *Misanthrope*: "Mon Dieu, laissons mon mérite, de grâce." Act III, sc. v.

724. **j'espère aux bontés,** *espérer* used with the preposition *à* instead of *dans*, which we should more naturally expect; cf. Haase, p. 333.

730. **gloire,** *pride.*

732. **Si l'on n'en vient à bout,** *if one does not succeed.*

738. **flamme,** a constantly recurring word in the dramatic and literary vocabulary of the seventeenth century for *amour*; cf. the use of *feux.*

744. **de ce pas** = *tout de suite.*

749. **à point nommé,** = faithfully.

750. **pour toute ma vie,** *the very last time.*

751. **A la bonne heure,** *very good.*

755. **je vous ai laissé,** the more strict rule of the agreement of the past participle calls for *laissés.* — **Tout du long,** without interruption. — **quereller,** *squabble*: ellipsis of the personal pronoun, *vous,* which is rather to be expected in this sense of the word.

770. **Vous bien remettre,** *reconcile you.* — **vous tirer d'affaire,** *get you out of your scrape.*

786. **regardez un peu,** etc., *look at a fellow as though you cared for him.*

789. **pour n'en point mentir,** note the vague use of *en* used as pronoun. For its use in such constructions as *en mentir* and *en être de même,* cf. Haase, p. 20.

794. **ressorts,** *devices.*

796. **se moque,** *is not serious, is jesting.*

802. **Tantôt ... tantôt,** *at times ... at other times.*

804. **vous payerez de,** *payer de* = "to give satisfaction," in an ironical sense (Littré); hence, *you will give as excuse.*

805. **mort,** *corpse,* i.e. a funeral (a bad omen).

807. **le bon de tout,** *the best of all.* — **lui,** i.e. Valère.

813. **son frère,** *her brother* (Elmire's) i.e. Cléante.

814. **belle-mère,** here, *step-mother.*

818. **à d'autre,** *de* used sometimes before *autre* either pronoun or adjective, in place of the indefinite article; cf. Haase, p. 323.

822. **Tirez** = *allez-vous en.* — **part** = *côté.*

ACT. III SCENE I

824. **qu'on me traite,** *traiter de* = "to call anybody by a name." — **faquins,** from the Italian *facchino,* originally a "porter" or "burden-bearer;" then, more vaguely, for a disagreeable person, and as here a *scoundrel.*

826. **coup de ma tête,** *coup de tête, a violent act, headstrong deed.*
830. **chose,** i.e. "there's many a slip between the cup and the lip."
832. **à l'oreille** etc., i. e. "put a flea in his ear."
833. **tout doux,** *gently.* — **Envers** lui, etc., use of *envers* in the sense of *auprès de*; cf. Haase, p. 367.
835. **crédit,** *influence.*
843. **il prête quelque espoir,** i. e. *to encourage.*
844. **il prie,** *he is at his devotions.*
849. **Vous vous moquez,** *you are fooling,* cf. l. 796.
852. **que vous êtes fâcheux,** *what a nuisance you are;* a *fâcheux* was a "bore;" so Molière's play, *les Fâcheux.*

Scene II

853. **serrez,** *put away.* — The whole play up to this point has been preparatory to the arrival of the hypocrite, who now appears. His first words spoken as soon as he catches sight of Dorine, are a key to his character.
855. **aux prisonniers,** cf. Boileau's tenth satire:

Elle lit Rodriguez, fait l'oraison mentale,
Va pour les malheureux quêter dans les maisons,
Hante les hôpitaux, visite les prisons,
Tous les jours à l'église entend jusqu'à six messes.

859. **Avant que de,** *avant de* is more usual now.
860. **couvrez,** etc., the Abbé Boileau, brother of the poet, wrote a book on the *Abus des nudités de la gorge.*
863. **tendre,** *susceptible.*
870. **quitter la partie,** literally "to give up a game," as of cards; here more vaguely, *to go away.*
872. **seulement,** superfluous with *ne ... que;* cf. ll. 1494, 1748.

Scene III

888. **grâce,** *blessing.*
889. **instance,** *entreaty.*
892. **On ne peut,** etc., *one cannot value too highly your valuable health.*
898. **éclaire** = *surveille.*

909. **aucune haine,** superfluous use of *pas* and *aucun* together; cf. the advice to Martine in the *Femmes Savantes:* "De pas avecque rien tu fais la récidive," and Haase, p. 267.

910. **zèle,** *devotion* (in a double sense).

917. **Je tâte votre habit,** this passage is probably based on a somewhat similar one in Rabelais, (Bk. 11, chap. xvi).

919. **point,** *lace.*

923. **On tient** = *on dit.* — **dégager sa foi,** *retract his word.*

926. **après quoi** = *après lequel;* cf. Haase, p. 70. — **je soupire,** *I yearn.*

943. **amour,** note the gender; the modern rule for *amour* is, masculine in the singular, feminine in the plural, though in poetry it is sometimes feminine even in the singular.

944. **Au** = *à la vue de.*

946. **adroite,** note the rime in the seventeenth century of *adroite* with *secrète.*

949. **aimable,** meaning in the seventeenth century stronger than now, more in harmony with the etymology, i.e. *lovable.* For *toute* cf. l. 241, n.

951. **avecque,** old form of *avec,* often used for metrical purposes.

957. **quiétude,** this word, like *béatitude* in the next line, and other expressions of Tartuffe, as *bénigne, infirmité, tribulations, néant, dévotion,* were terms of piety and of mysticism. Used thus in a play and by a hypocrite they were thought by Molière's enemies to be absolutely sacrilegious.

962. **un peu bien** = *quelque peu.*

964. **raisonner** = *réfléchir.*

966. **pour être dévot,** etc., *pour* = *although.* — In Corneille's *Sertorius* is found the line: "Et pour être Romain, je n'en suis pas moins homme." Molière may be parodying Corneille as Racine did in the *Plaideurs,* and this explanation is indeed more natural than to draw the expression from a passage of Boccaccio's *Decameron,* much less familiar to Frenchmen: "Come che io sia abbate, io sono uomo come gli altri."

967. **appas,** constantly used in the seventeenth century for a woman's beauty or charms.

972. **vous en prendre,** *blame.*

974. **intérieur,** *soul, heart.*

981. **Que si**, often used at the beginning of a sentence with the meaning of *mais si* or *et si*.

994. **autel**, one of the stock terms of courteous and gallant love-making, of which literature had been full since the days of d'Urfé's *Astrée*.

995. **brûlent**, *glow*.

996. **Avec qui** = *avec lequel*.

1006. **Ne pût bien**, *cf.* l. 172, n. — *Altérer*, indicates a change for the worse.

1009. **sur** = *à cause de*.

Scene IV

Damis's appearance spoils matters. But for his excited interference Tartuffe might perhaps have been persuaded to give up hindering the marriage of Valère and Mariane.

1024. **traître**, cf. l. 207, n.

1030. **grâce**, *pardon*. — **Où** = *à laquelle*.

1031. **dédites**, the seventeenth century hesitated between *dédites* and *dédisez*; today *dédisez* would be used.

1032. **faire des éclats**, *make a fuss*.

1042. **desservi**, *thwarted*. — **Feux** = *amours*, as constantly in the seventeenth century.

1047. **qu'il**, i. e. Heaven.

1048. **l'avoir**, i. e. *l'occasion*.

1049. **il faut que je me croie**, *I must trust myself*.

1050. **sa joie**, in contemporary French, *la joie*.

1053. **vuider** = *vider*; *vider d'affaire*, old expression for *en finir*.

Scene V

1060. **Il ne va pas à moins**, *it pretends to nothing less*.

1072. **crédit**, *influence*.

Scene VI

1074. **Oui, mon frère.** "Avant de parler, il enveloppe Orgon d'un regard doux, résigné et modeste, puis d'un ton pénétré et sans force aucune, il répond : Oui, mon frère ! Ce " oui " fait tressaillir Orgon ; mais son étonnement se change bien vite en admiration quand il croit devoir attribuer à l'humilité et à la mortification du chrétien les accablants reproches que Tartuffe se prodigue à lui même. L'accent de l'imposteur est tour à tour résigné, doux, pénétrant et pathétique. Son visage semble baigné de larmes: mais que son jeu exempt d'exagération paraisse l'expression de sa sincérité même" (Régnier).—This scene, in which Tartuffe confesses his sins instead of denying them, is imitated from Scarron's story *les Hypocrites,* where a character named Montufar acts in the same way: " Je suis le méchant, disoit-il à ceux qui voulurent l'entendre: je suis le pécheur, je suis celui qui n'ai jamais rien fait d'agréable aux yeux de Dieu. Pensez-vous, continuoit-il, parce que vous me voyez vêtu en homme de bien, que je n'aye pas été toute ma vie un larron, le scandale des autres, et la perdition de moi-même. Vous vous trompez, mes frères; faites-moi le but de vos injures et de vos pierres, et tirez sur moi vos épées."

1081. **De quelque grand forfait**, etc., *however great the crime with which I may be charged.*

1082. **Je n'ai garde**, *I am careful not.*

1098. **je ne suis rien moins**, *I am anything but.* Distinguish carefully *rien moins* (" anything but"), and *rien de moins* (" nothing less"). *Rien moins* is unfortunately used in both meanings, which must be distinguished by the context.

1099. **homme de bien**, *upright man.*

1101. **traitez-moi de**, cf. l. 824, n.

1102. **perdu**, *vile being*, (Latin *perditus*).

1114. **qu'il eût reçu**, ellipsis: *souffrir* (que de penser) *qu'il eût.*

1115. **Laissez-le en paix**, metrical elision of the pronoun, not allowable in modern poetry.

1116. **Hélas! vous moquez-vous?** Tartuffe and Orgon are on their knees facing each other. There is a similar scene in Molière's *Dépit amoureux* (Act III, sc. iv). It is said that when the duc de Montmorency was condemned to death by Richelieu the princesse de Condé went to ask for mercy and knelt before the cardinal. The latter threw himself also on his knees, begging her to forgive his refusal. We are also told that when the actress Mlle Clairon went to see Voltaire at Ferney, Voltaire knelt before her, whereupon Mlle Clairon did the same and both remained with extended arms in mutual admiration and ecstasy.

ACT III, SCENE VII ACT IV, SCENE I   143

1128. **pour vous faire enrager,** so in Racine's *Plaideurs* the crazy judge: J'irai, mais je m'en vais vous faire enrager tous: Je ne dormirai point.

1131. **qu'on se rétracte,** *take it back.*

1134. **lui dis des injures,** *call him names.*

1135. **ne me retenez pas,** Tartuffe has made no attempt to do anything of the kind.

1136. **de ce pas,** cf. l. 744, n.

1139. **succession,** according to law Orgon could not disinherit his family thus. It is a comedy fiction. And so, later in the play, the gift which Orgon makes to Tartuffe.

Scene VII

1142. **pardonne-lui,** etc., a much more effective *variante* is "O ciel, pardonne-lui comme je lui pardonne." This may have been one of the verses softened by Molière, because of its similarity with the Lord's prayer.

1143. **déplaisir,** *sorrow.*

1145. **penser** = *pensée,* which is infinitely more common. But even in modern poetry cf. such expressions as André Chénier's: "Sur des pensers nouveaux faisons des vers antiques."

1147. **serré,** *oppressed.*

1158. **poursuivre** = *continuer.*

1162. **surprendre l'âme,** *influence the feelings.*

1165. **il y va de ma vie,** *my life is at stake.*

1168. **en user là-dessus** = *agir.*

1170. **prévenir,** *forestall.*

1175. **encor,** for *encore* as often for metrical purposes, to avoid an extra syllable.

1183. **Le pauvre homme,** cf. Act I, sc. iv.

Act. IV Scene I

1186. **gloire,** *credit.*

1190. **prends au pis la chose,** i. e. "I do not undertake to weigh the rights and the wrongs of the case, but assume things at their worst."

1191. n'en ait pas bien usé = *n'ait pas bien agi.*
1193. **N'est-il pas**, etc., *is it not the duty of*, etc.?
1195. **pour,** *because.*
1200. **à bout,** *to extremities.*
1210. **commerce,** *intercourse.*
1211. **d'abord,** in the seventeenth century constantly meant *at once* (instead of *first of all*).
1212. **politique,** *scheming.*
1214. **zèle,** *interest.*
1215. **ménager,** *humor.*
1217. **excuses colorées,** *specious excuses;* cf. *dehors fardés,* l. 200.
1218. **tirées,** *forced.*
1228. **ne nous brouillons l'esprit,** *let us not worry.*
1236. **ne prétendre rien,** *Rien* with *ne* used as an adverb, especially in negative phrases; cf. Haase, p. 114.
1238. **intéressée,** *selfish.*
1239. **biens,** *wealth.*
1248. **bien du prochain.** Tartuffe's statement is an example of the doctrine of *direction d'intention,* for which the Jesuits were much blamed by their enemies, particularly Pascal. Thus Pascal, in his seventh *Provinciale :* " Puisque vous le prenez ainsi, me dit-il, je ne puis vous le refuser. Sachez donc que ce principe merveilleux est notre grande méthode *de diriger l'intention,* dont l'importance est telle dans notre morale, que j'oserais quasi la comparer à la doctrine de la probabilité. Vous en avez vu quelques traits en passant, dans de certaines maximes que je vous ai dites. Car, lorsque je vous ai fait entendre comment les valets peuvent faire en conscience de certains messages fâcheux, n'avez-vous pas pris garde que c'était seulement en détournant leur intention du mal dont ils sont les entremetteurs, pour la porter au gain qui leur en revient ? Voilà ce que c'est que *diriger l'intention.* Et vous avez vu de même que ceux qui donnent de l'argent pour des bénéfices seraient de véritables simoniaques, sans une pareille diversion. Mais je veux maintenant vous faire voir cette grande méthode dans tout son lustre sur le sujet de l'homicide, qu'elle justifie en mille rencontres, afin que vous jugiez par un tel effet tout ce qu'elle est capable de produire. — Je vois déjà, lui dis-je, que par là tout sera permis, rien n'en échappera. — Vous allez toujours d'une extrémité à l'autre,

ACT IV, SCENE II, III   145

répondit le Père; corrigez-vous de cela. Car, pour vous témoigner que nous ne permettons pas tout, sachez que, par exemple, nous ne souffrons jamais d'avoir l'intention formelle de pécher pour le seul dessein de pécher; et que quiconque s'obstine à borner son désir dans le mal pour le mal même, nous rompons avec lui; cela est diabolique: voilà qui est sans exception d'âge, de sexe, de qualité. Mais quand on n'est pas dans cette malheureuse disposition, alors nous essayons de mettre en pratique notre méthode de *diriger l'intention*, qui consiste à se proposer pour fin de ses actions un objet permis. Ce n'est pas qu' autant qu'il est en notre pouvoir, nous ne détournions les hommes des choses défendues; mais quand nous ne pouvons pas empêcher l'action, nous purifions au moins l'intention; et ainsi nous corrigeons le vice du moyen par la pureté de la fin."— The doctrine of *direction d'intention* is a form of casuistry (the answering of "cases" or questions of conscience) which Pascal accused the Jesuits of carrying to the point of hair-splitting sophistry. It is defined more fully in the important passage in Scene V (ll. 1489 ff), which see. It is connected with the doctrine of equivocation and of mental restrictions; cf. Act V, Sc. I, (ll. 1585 ff). Cf. also Boileau's Satire XII *De l'Equivoque*.

1249. **délicates craintes,** *conscientious scruples.*

1253. **qu'il en mésuse,** that he should make a poor use (*de son bien*).

1254. **que si,** etc., *than that you should be accused of trying to deprive him of it.*

1255. **j'admire,** *I am astounded;* the word was often much stronger in meaning than it is now. — **sans confusion,** *without being ashamed.*

1269. **Ah!** "Cri sourd d'indignation" (Régnier).

Scene II
1271. **accord,** *agreement.*
1274. **de ... de** = *par ... par.* — **Industrie,** *ruse.*

Scene III
1287. **doux,** *fond.*
1299. **convent,** older etymological spelling (*conventus*) but pronounced *couvent*, which has entirely superseded it in this sense.

(The older form has, however, been revived by the modern Freemasons to designate their synods or conventions).

1300. Use, *use up, wear away*.

1301. religieuses, the convent was the great refuge for women crossed in love, as well as for portionless daughters.

1306. ne me rompez pas la tête, *do not annoy me*.

1307. Parlez à votre écot, *mind your own business*; literally, talk to those of your own mess or company, i. e. those who pay an *écot* or "scot" (cf. "scot-free") at the same table.

1318. complaisances, *partiality*.

1320. Du, *concerning*.

1324. se gendarme, *get up in arms, flare up*.

1326. injure, *insult*.

1329. douceur, *moderation*.

1330. sauvages, *frenzied*.

1337. ne prend point le change, *I am not to be put upon*. Prendre *le change* is a term from hunting meaning "to put off the scent," "to change the track."

1338. J'admire, cf. l. 1255 n.— encore un coup = *encore une fois*.

1343. Contes en l'air, *what stories*. So in Racine's *Plaideurs*, a *cause en l'air* = an imaginary case.

1351. par plaisir, *to satisfy myself*.

Scene IV

1360. vous mettez = *mettez-vous*. According to the seventeenth century custom, in the case of two imperatives the pronoun followed the first and preceded the second.

1368. que je crois = *à ce que je crois*.

1386. Tenez-vous, etc. = *restez tranquille et ayez soin de ne pas vous montrer*.

Scene V

1391. tantôt, used to express a little time forward or backward; here it means "a short time ago."

1393. de même, *like it*. De *même* used as an adjective; cf. Haase, p. 118.

1417. quelque, *whatever*.

1419. On s'en défend, *one protests*; note that throughout this scene Elmire uses a great deal the indefinite *on*, partly out of modesty and womanly reserve. — de l'air qu'on s'y prend, *by the way in which we go about it.*

1421. vœux, *feelings.*

1433. qu'est-ce que, etc. This is one of the most difficult passages in *Tartuffe*: "What must this entreaty have made you understand, but the interest I venture to take in you and the sorrow I should feel at being obliged by this intended marriage to share with another a heart which I want for myself." — The confusion of the sentence is meant perhaps to express Elmire's emotion. Sainte-Beuve, however, says: "Il est à remarquer que le reste du rôle d'Elmire n'est nullement embarrassé. Ce sont quatre mauvais vers."

1439. Traits; *boire à long traits* = "to drink deep draughts;" so, here, *pours in floods.*

1442. béatitude, *bliss*; cf. l. 958.

1445. artifice honnête, *a courteous device.*

1450. que . . . ne, *unless, until.*

1454. tout d'abord, *at once.* Long courtships and love-making were fashionable, at least in the novels of the time, like those of Mlle de Scudéry. Cf. the proper course of love in the *Précieuses ridicules* (sc. iv.). Montausier courted the daughter of Mme de Rambouillet for thirteen years.

1459. Moins on mérite, etc., cf. *Don Garcie de Navarre*, Act II, sc. vi:

>Moins on mérite un bien qu'on nous fait espérer,
>Plus notre âme a de peine à pouvoir s'assurer.

1460. ont peine à s'assurer, *are scarcely satisfied with.*

1461. On soupçonne, etc., *one easily mistrusts some happy lot.*

1470. Et qu'avec violence, etc., cf. *Les Femmes savantes*, Act II., sc. i:

>Qu'un amant pour un mot a de choses à dire,
>Et qu'impatiemment il veut ce qu'il désire.

1478. d'assurés témoignages, *concrete proofs.*

1484. arrêts du ciel, *injunctions of Heaven.*

1488. on trouve avec lui, etc., *one can always patch it up with Heaven.* — de vrai; *de* with an adjective, substituted for an adverb (*vraiment*), cf. l. 1536, and Haase, p. 314.

1489. il est une science, etc., cf. l. 1248 n.

1497. au supplice, *in agony*.

1498. Jus de réglisse, i. e. a liquorice pastille or cough drop.

1501. Cela, certe, est fâcheux, *that is, indeed, too bad*.

1506. ce n'est pas pécher, etc., cf. Mathurin Regnier's Satire XIII. (*Macette*):

> Le peché que l'on cache est demi pardonné.
> La faute seullement ne gist en la deffence:
> Le scandale et l'opprobre est cause de l'offence;
> Pourveu qu'on ne le sçache, il n'importe comment:
> Qui peut dire non ne pèche nullement.

1507. Enfin, etc., every word in this passage has a double meaning. It is addressed to Orgon, who will not come out from under the table, but Tartuffe takes it for himself in a different sense.

1509. à moins de cela, i.e. yielding to Tartuffe.

1512. que je franchis cela, *that I take this last step*.

1515. témoins, *evidence*.

1520. on s'en charge, *I assume the responsibility*.

1528. exactement = *avec soin*.

Scene VI

1530. m'assomme, *astounds me*, stronger than the modern colloquial use.

1536. trop de léger, *too easily;* note the rime of *léger* with *enfer*. This so-called *rime normande* was frequent in the seventeenth century and Livet adds: " La lutte continue en France sur la prononciation de *er:* le nom prononcé Saint-Sevé dans les Landes, et, à Rouen, Saint-Sevère, s'écrit également Saint-Sever."

Scene VII

1544. vous m'en voulez donner, *you want to come it over me*.

1547. J'ai douté, etc., *I long doubted the possibility of it.*

1550. Je m'y tiens, *I am content.*

1554. Dénichons de céans, *clear out!* The first person of the imperative is often used colloquially in French for the second.

1557. C'est à vous d'en sortir. " La haine, la fureur, la rage l'étouffent : les mots ne sauraient suffire, c'est une arme qu'il lui faut ; son silence, ses yeux disent qu'il cherche celle qu'il va employer... il l'a trouvée, ce sera la trahison. Il tient sa vengeance. Il remonte lentement, prend son chapeau, et Orgon peut croire qu'il obéit à son injonction ; mais, redescendant en scène, il se couvre, en maître, il est chez lui, et d'une voix étranglée par la fureur et la vengeance, c'est avec autorité qu'il dit à Orgon : C'est à vous d'en sortir" (Régnier).

On the contrary, Coquelin, who has a different conception of the part, and thinks Tartuffe a *sincère* though a *mauvais dévot*, says: " Le pauvre homme remonte baissant le nez, prendre son chapeau et son manteau (car je tiens que c'est ainsi qu'il faut jouer cette incomparable scène de théâtre, et non comme on fait d'habitude, en Capitan)... il se retourne et sans détonner, logiquement, pieusement, il lance le fameux : C'est à vous d'en sortir."

1566. n'ai pas lieu de rire, *it is no laughing matter*. Seventeenth century French, as the French of earlier ages, often omitted the repetition of a pronoun before several verbs ; cf. Haase, p. 420.

ACT V. Scene I

1573. Las = *hélas*.

1574. consulter, used transitively in the seventeenth century, now an intransitive verb in this construction ; cf. Haase, p. 135.

1579. dépôt, *trust*.

1583. Où, adverb for the preposition and pronoun.

1585. cas de conscience, cf. l. 1248 n. This is an instance of the theory of equivocation and of mental restrictions. Cf. Pascal's ninth *Provinciale :* " Cela suffit sur ce sujet, et je veux maintenant vous parler des facilités que nous avons apportées pour faire éviter les péchés dans les conversations et dans les intrigues du monde. Une chose des plus embarrassantes est d'éviter le mensonge, et surtout quand on voudrait bien faire accroire une chose fausse. C'est à quoi sert admirablement notre doctrine des équivoques, par laquelle il est permis d'user de termes ambigus, *en les faisant entendre en un autre sens qu'on ne les entend soi-même*, comme dit Sanchez, Op. mor., p. 2, l. 3, c. 6, n. 13.— Je sais cela, mon Père, lui dis-je. Nous l'avons tant publié, continua-t-il, qu'à la fin tout le monde en est instruit. Mais savez-vous bien comment il faut faire quand on ne trouve point de mots équivoques ?— Non, mon Père. — Je m'en doutais bien, dit-il ; cela est nouveau : c'est la doctrine des restrictions mentales. Sanchez la donne au même lieu. *On peut jurer*, dit-il, *qu'on n'a pas fait une chose, quoiqu'on l'ait faite effectivement, en entendant en soi-même qu'on ne l'a pas faite un certain jour, ou avant qu'on fût né, ou en sous-entendant quelque autre circonstance pareille, sans que les paroles dont on se sert aient aucun sens qui le puisse faire connaître. Et cela est fort commode en beaucoup de rencontres, et est toujours très juste quand cela est nécessaire ou utile pour la santé, l'honneur ou le bien.*

Comment! mon Père, et n'est-ce pas là un mensonge, et même un parjure? — Non, dit le Père : Sanchez le prouve au même lieu, et notre Père Filiutius aussi, tr. 25, ch. 11, n. 331 ; parce, dit-il, que c'est *l'intention qui règle la qualité de l'action*. Et il y donne encore, n. 328, un autre moyen plus sûr d'éviter le mensonge. C'est qu'après avoir dit tout haut : *Je jure que je n'ai point fait cela*, on ajoute tout bas, *aujourd'hui ;* ou qu'après avoir dit tout haut : *Je jure*, on dise tout bas, *que je dis*, et que l'on continue ensuite tout haut, *que je n'ai point fait cela*. Vous voyez bien que c'est dire la vérité. — Je l'avoue, lui dis-je ; mais nous trouverions peut-être que c'est dire la vérité tout bas et un mensonge tout haut : outre que je craindrais que bien des gens n'eussent pas assez de présence d'esprit pour se servir de ces méthodes. — Nos Pères, dit-il, ont enseigné au même lieu, en faveur de ceux qui ne sauraient pas user de ces restrictions, qu'il leur suffit, pour ne point mentir, de dire simplement qu'*ils n'ont point fait* ce qu'ils ont fait, *pourvu qu'ils aient en général l'intention de donner à leurs discours le sens qu'un habile homme y donnerait*."

1586. traître, *scoundrel ;* cf. l. 207.

1597. **On peut vous mener loin,** *you may find yourself deeply compromised.*

1600. biais = *moyen.*

1604. C'en est fait, "On pourrait voir dans ce vers le germe du *Misanthrope :* Alceste continue, en quelque sorte, Orgon après sa déception ; il a un procès, et ce procès est avec un hypocrite, Tartuffe peut-être" (Livet).

1607. **ne voilà pas de,** etc., *there you go, losing your temper again.*

1609. la vôtre, i.e. *raison*.
1619. Vous voulez, *you insist*.
1621. libertins, cf. l. 314. — conséquences, *inferences*.
1628. cet autre côté, i.e. excessive leniency.

Scene III

1650. suborner, *seduce*.
1657. Le pauvre homme, cf. Act I. sc. iv.
1668. On vous aura forgé, the *futur antérieur* indicates probability: *they have probably told you many slanders about him*.
1671. Vous me feriez damner, *you will put me in a state of sin*, i. e. through anger.
1687. le moyen, i.e. *(quel serait) le moyen ?*
1691. me mettre dans l'esprit = *me persuader*.
1695. retour, *repayment*.
1697. bagatelles pures, in the sense of *mere* or *absolute*, the adjective *pur* is today usually put before the noun. In the seventeenth century, as here, such was not necessarily the case. Cf. Haase, p. 442.
1699. Aux menaces = *devant les menaces*.
1701. instance, i.e. a legal action, a law suit.
1703. ressorts, *devices*.
1709. A l'orgueil = *en présence de l'orgueil*; cf. above, l. 1699, and Haase, p. 340.
1710. mes ressentiments, *my feelings*.

Scene IV

1717. ma chère sœur. Many commentators state that the hypocritical Loyal uses a *langage cénobitique* in addressing Dorine, very much as Tartuffe calls Orgon his *frère*. It should be remembered, however, that *ma chère sœur* was often colloquially used with a meaning no stronger than *ma chère* — Loyal has a fawning demeanor and wheedling speech, and is a fitting representative of treacherous Tartuffe.
1720. Je ne suis pas pour, etc. *I do not wish to intrude*.
1732. accord, *reconciliation*.
1735. Ce doux début, *this civil beginning*.

1741. **Normandie**, the Normans have and always have had a reputation for being fond of lawsuits. Cf. Racine's *Plaideurs*.

1742. **huissier à verge.** A sort of sergeant, bailiff or process-server bearing a verge or staff (cf. English "verger") as emblem of authority, as a constable wears a truncheon. He was to be distinguished from the *huissier à la chaîne*.

1746. **Signifier,** *serve* (legal).

1749. **vuider,** *vider = to vacate.*

1753. **comme savez,** omission of the pronoun, as not infrequently in older French.

1756. **duquel** = *dont;* cf. Haase, p. 68.

1758. **je l'admire,** cf. l. 1255 n.

1761. **office,** *duty* (cf. Latin *officium*).

1762. **à justice** = *à la justice.*

1764. **faire rébellion,** *be recalcitrant.*

1765. **honnête personne,** *gentleman;* cf. *honnête homme.*

1767. **jupon,** now only a woman's skirt; in the seventeenth century and earlier, often a man's jacket or coat.

1771. **couché dans mon procès-verbal,** *inscribed in my report.* A *procès-verbal* is a *written* account or report of proceedings.

1773. **pour tous les gens,** etc., in acting versions there is a *coupure* from here to "Laissez, ne gâtons rien," which is then said by Cléante to Dorine.

1774. **pièces,** *documents.*

1776. **en choisir,** i.e. other men.

1786. **avant que** = *avant de* or *avant que de.*

1789. **du matin** = *dès le matin,* cf. Haase, p. 284. — **habile,** *skilful, nimble* (Latin, *habilis;* cf. English "able").

1793. **on n'en peut pas mieux user,** *nobody could treat you more considerately than I am doing.*

1796. **au dû de ma charge,** *in the fulfilment of my duty.*

1797. **sur l'heure** = *sur le champ.*

1799. **et pouvoir,** etc., *to have the satisfaction of giving his nose the biggest punch one could give.* — *mufle* = snout. The construction is explained in two ways: 1°, *et pouvoir* is equivalent to *pour pouvoir*; 2°, *je donnerois* of l. 1797 is understood under a slightly different form, as if it had been in the original case *je voudrais donner*, in which construction *et pouvoir* may naturally be used (*je voudrais pouvoir*). Cf. Haase, p. 423. The first construction, therefore, means "I should be glad to give... in order to be able;" the second "I should gladly give... and be able."

1801. A cette audace = *à la vue de cette audace*.

1802. tenir = *retenir*.

1804. quelques coups de baton. Bailiffs often encountered hard knocks in the execution of their duty, and there is a scene in Racine's *Plaideurs* in which a litigant tries to test the genuineness of a man disguised as a police officer by the latter's ability to stand a beating.

1806. l'on décrète, *warrants are issued*.

Scene V

1811. si j'ai droit = *si j'ai raison*.

1812. l'exploit, *the summons*.

1814. je tombe des nues, *I am thunderstruck*; lit. "I fall (i.e. have fallen) from the clouds."

1817. se consomme, *Consommer* is here used in the sense of bringing something to the highest degree of perfection in its kind.

1826. succès, *result* (not "success").

Scene VI

1831. délicat, *thoughtful, considerate*.

1833. suite, *consequence*.

1836. prince, constantly used in seventeenth century literature as the equivalent of *roi*.

1837. traits, *shafts*.

1841. qu'on vous donne, *of which you are accused*.

1842. un ordre est donné, *a warrant has been issued*.

1851. le trait est foudroyant, *the blow is an overwhelming one*.

Scene VII

1861. tout beau, cf. *tout doux, gently*.

1864. trait, i.e. *de méchanceté; trait* has here the figurative instead of the literal meaning of "line" or "trait," and is equivalent to "deed of wickedness."

1865. par où = *par lequel.* — Tu m'expédies = *tu me ruines.*

1866. couronner, *to cap the climax.*

1868. je suis appris, *apprendre* is today intransitive only; cf. Haase, p. 133.

1884. Ami, femme, parents; cf. ll. 278, 1180.

1889. il s'avise, *il = zèle*, but in the next line it refers to Orgon.

1893. pour devoir en distraire. This clause is what is called a *cheville*, or padding to fill out the line. It means, "as something which ought to have dissuaded you from such an action."

1896. rien prendre de lui, rien is positive and not negative in meaning, in accordance with its etymology (*rem*), and is to be translated by *anything;* cf. Haase, p. 114.

1899. demeurer, *delay.*

1907. se font jour dans les cœurs, *read people's hearts.*

1909. D'un fin discernement; in the acting versions there is a cut from here to " Oui, de tous vos papiers," etc.

1911. Chez elle, the pronouns and possessive adjectives in this passage are extremely confused; in translating, care must be taken to distinguish them. *Elle = âme.* — rien ne surprend trop d'accès, *nothing gains too easy access.*

1917. n'étoit pas pour, *was not the kind of person to.*

1919. D'abord, *at once*, cf. l. 1454.

1926. vers vous, i.e. *sa déloyauté envers vous.*

1932. faire raison, *give satisfaction.*

1933. entre vos mains, *in your presence.*

1937. retraite, *flight.*

1942. verser, *bestow.*

1946. succès, cf. l. 1826.

1962. généreux, *noble-hearted* (*generosus*).